Savitri –
oder die Rückkehr des Weiblichen
in die Gestaltung der Welt

Savitri Braeucker

Savitri –
oder die Rückkehr des Weiblichen in die Gestaltung der Welt

ch. falk-verlag

Die Lotus-Zeichnung von Champaklal auf den Karten und der Originaltext von Sri Aurobindo unterstehen dem Copyright des Sri Aurobindo Ashram Trust, Pondicherry, Indien, und sind hier mit deren Erlaubnis und mit Dank veröffentlicht.

Die im Buch verwendeten deutschen Zitate aus Sri Aurobindos Werk Savitri entstammen der autorisierten Übertragung des Werkes von Heinz Kappes: *Savitri, Legende und Sinnbild*, erschienen bei Hinder + Deelmann, Gladenbach 1985. Die in Klammern gestellten Seitenzahlen beziehen sich auf die englische Ausgabe.

Originalausgabe

Umschlaggestaltung (Spiel): D. Grässle, Ch. Falk unter Verwendung einer Illustration zu Savitri von Cornelia von Hansemann
Umschlaggestaltung (Buch): D. Grässle, Ch. Falk
Satz (Buch): H. Kunkel, Jestetten
Satz (Karten): Ch. Riecken, Dießen
Herstellung und Druck: Druckerei Sonnenschein GmbH, Hersbruck
Made in Germany
ISBN: 978-3-89568-253-7

Mein Dank an Sri Aurobindo mit den Worten der Mutter

DIR, der du unserem Meister als materielle Hülle dientest, DIR sei unser unendlicher Dank! Vor DIR, der DU so viel für uns getan, so viel gearbeitet, gekämpft, erlitten, gehofft und ertragen hast, vor DIR, der DU uns alles vermacht, alles für uns gewagt, hergerichtet und vollbracht hast, vor DIR verneigen wir uns, und wir bitten aus tiefstem Herzen, dass wir niemals, nicht einmal für einen Augenblick, vergessen mögen, was wir DIR verdanken.

Inschrift auf Sri Aurobindos Samadhi in Pondicherry

INHALT

9 Einleitung

14 Savitri und Satyavan – Die duale Kraft Gottes

23 Vedische Zivilisationen

32 Gab es eine arische Eroberung Indiens?

45 Frauen in der vedischen Zeit

50 Die Sankhya-Philosophie

54 Shaktismus und Tantra im spirituellen Leben Indiens

63 Die Feste der Göttlichen Mutter – *Navaratri*

66 Inhalt und Bedeutung von Sri Aurobindos Epos *Savitri*

76 Das Problem des Leidens – Wie entstand Leiden?

84 Savitris Yoga – Das Finden der Seele

101 Der Sieg über den Tod

103 Sri Aurobindos Savitri – Die Zwei, die eins sind …

109 Liebe und Tod – Die Liebe als stärkste Transformationskraft

116 Der Eine und die duale Kraft

118 Die Erde – Schauplatz des göttlichen Wirkens

129 Die Rückkehr zur Erde

Anhang

134 Hymnen und Gebete an die Göttinnen Sarasvati und Vak

143 Literaturverzeichnis

EINLEITUNG

Ich möchte allen Benutzerinnen und Benutzern dieses Orakels ans Herz legen, dieses einführende Büchlein zuerst zu lesen, um einen Überblick über das Handlungsgeschehen von *Savitri* zu bekommen. So werden die ausgewählten Zitate in einen größeren Zusammenhang gestellt und leichter verständlich.

Die Mutter über das Studium des Savitri-Yoga

Bevor ich über meinen inneren Beweggrund für diese Arbeit spreche, möchte ich eine der vielen Bemerkungen der Mutter zum Studium des Savitri-Yoga weitergeben:

Savitri enthält den gesamten Yoga der Transformation, und dieser Yoga kommt nunmehr zum ersten Mal ins Erdbewusstsein. [...] Savitri ist von unermesslichem spirituellem Wert. [...] Es ist ein einmaliges Werk, und je tiefer du in es eindringst, desto höher wirst du erhoben. Es ist das Schönste, was Sri Aurobindo den Menschen hinterlassen hat, das Höchstmögliche.

Savitri allein wird dich befähigen, die höchste Stufe zu erklimmen. Wem es gelingt, wahrhaft über dieses Werk zu meditieren, dem steht alle erforderliche Hilfe offen. Wer diesem Pfad folgen möchte, bekommt durch die Lektüre von Savitri konkrete Hilfe, so als ob der Höchste ihn selbst an die Hand nehmen und ihn zu seinem vorbestimmten Ziel führen würde. Für jede Frage, so persönlich sie auch sein mag, gibt es darin eine Antwort, für jedes Problem eine Lösung. In der Tat ist dort alles zu finden, was für die Praxis des Yoga notwendig ist.

*Sri Aurobindo hat das gesamte Universum in ein einziges Buch gepackt. Es ist ein wunderbares Werk, grandios und von einzigartiger Perfektion.**

Zur Schwierigkeit, *Savitri* zu verstehen, sagt sie Folgendes:

*Es macht nichts, wenn du Savitri nicht verstehst, lies trotzdem weiter. Du wirst sehen, dass dir bei jedem Lesen etwas Neues enthüllt wird. Jedes Mal bekommst du eine neue Einsicht, machst eine neue Erfahrung. [...] Aber du darfst Savitri nicht lesen wie ein gewöhnliches Buch oder eine Zeitung. Du musst es unvoreingenommen lesen, mit einem freien Kopf, in dem es keinen anderen Gedanken gibt. Du musst dich ganz darauf konzentrieren, leer bleiben, ruhig und offen. Dann werden die Worte, Rhythmen und Schwingungen direkt zu jenem Unbeschriebenen Blatt des reines Geistes durchdringen, dem Verstand ihren Stempel aufdrücken und sich selbst erklären, ohne dass du eine gesonderte Anstrengung unternimmst.***

Warum mache ich Meditationskarten zu Savitri?

Als ich vor vielen Jahren bei mir zu Hause in *Savitri* blätterte, um Antwort auf eine innere Frage zu finden, fiel mein Blick auf die folgende Passage:

> *»Ich werde eines Tages wiederkehren und Seine Hände in den meinen halten,*
> *und du sollst das Gesicht des Absoluten sehen.*
> *Dann soll die heilige Hochzeit vollzogen werden,*

---

* Aus *Savitri – A Brief Introduction (Four Talks)* von Mangesh Nadkarni, Pondicherry 1999
** Ibid.

dann soll die göttliche Familie geboren werden.
Dann wird in all den Welten Licht und Friede sein.«
S. 535 (521)

Dies war Savitris Antwort, als sie auf der Suche nach ihrer Seele (Savitris Yoga) der dritten ihrer drei Seelenkräfte begegnete, der »Madonna des Lichtes«.

»Hier spricht meine Seele, das sind meine Worte«, war mein erster innerer Impuls. Mir wurde schwindlig, ich begann aus tiefstem Herzen zu schluchzen, so als würde der Schmerz der Menschheit und aller Kreaturen aus mir hervorbrechen und sich gleichzeitig in eine ungeheure Sehnsucht, ja ein Verlangen nach Verschmelzung mit dem Göttlichen verwandeln. Ich wiederholte diese Worte immer wieder; es war, als ob sie sich in meine Seele gemeißelt hätten. Ich tauchte ein in eine tiefe Trance. Die Umgebung und alles, was war, hatten aufgehört zu existieren.

Savitri hatte in mir alles verändert. Zuerst las ich das Buch stellenweise nach dem Offenbarungsprinzip, dann Seite für Seite, in Deutsch, in Englisch, wieder stückchenweise. Jedes Mal, wenn ich wieder größere Abschnitte las, schien es mir, als hätte ich sie noch nie gelesen. Ständig tauchten andere Punkte der Erkenntnis auf, Offenbarungen, Antworten auf lang gehegte, tiefe Fragen. Ich fand buchstäblich auf alles eine Antwort, auch auf die viel diskutierten Themen der neuen Zeit, der Umwandlung der Erde und des menschlichen Bewusstseins; alles Fragen, die aus unserer jetzigen Sicht noch nicht beantwortet werden können.

Als Psychotherapeutin (mit Schwerpunkt Traumatherapie und Psychoonkologie) bin ich ständig mit menschlichem Leid und den Fragen nach dem Sinn des Lebens konfrontiert. *Savitri* half und hilft mir sehr, auf die Fragen, warum Leid überhaupt existiert und warum auch reine Seelen unter das Joch von Schmerz, Entbehrung und Leid fallen, Antworten zu finden. Die Lektüre half aber nicht nur mir persönlich, sondern war mir auch in meiner therapeutischen Praxis bei der Beantwortung schwierigster Fragen dienlich.

Ein Epos wie Savitri als Meditationskarten?

Savitri ist mit Sicherheit keine leichte Lektüre. Mein Verstand machte zunächst einmal schlapp bei diesem Text. Nach einer Weile begann ich, mit meinem Herzen, meiner Seele zu lesen, auch wenn ich viele englische Begriffe nicht auf Anhieb verstand. Sri Aurobindo verfasste dieses Mammutwerk der Offenbarung in sehr ausgefeiltem, kunstvollem Englisch, noch dazu in mantrischer Versform. Die Lektüre des Originals ist unvergleichlich, und ich empfehle sie jedem, der hierzu die Möglichkeit hat. Bei der Übersetzung gehen unweigerlich subtile Aspekte verloren, ganz zu schweigen von der nicht übertragbaren Versform. Selbst die Mutter, Sri Aurobindos spirituelle Gefährtin, übersetzte *Savitri* zwar in ihre Muttersprache, das Französische, um eine breitere Leserschaft zu erreichen, befand dieses Werk aber letztlich für unübersetzbar. Die von mir hier im Buch verwendete deutsche Fassung ist die von Hinder + Deelmann herausgegebene Übersetzung von Heinz Kappes.

Da *Savitri* so sehr ein integraler Bestandteil meines Lebens wurde, hatte ich den Impuls, 108 Zitate auszuwählen, um vielen Menschen die Möglichkeit zu geben, *Savitri* näherzukommen und auf ihre inneren Fragen Antworten zu finden.

Diese Auswahl erwies sich als ein sehr schwieriger Prozess. Ich trug provisorisch mehrere Sammlungen zusammen, hatte aber immer wieder den Eindruck, dass noch etwas fehlte. Wann immer ich Zitate »herausfischte«, musste ich weinen. Noch nie hatte mich ein Text so tief berührt. Er schien das zu reflektieren, was in meiner Seele geschrieben stand. Zwischendurch musste ich das Projekt für einige Zeit ruhen lassen, um meine Auswahl wieder aus einer größeren Distanz zu betrachten.

Du kannst das Set nutzen wie ein Orakel: als Ausrichtung für ein neues Lebensjahr, zum Ziehen einer Tageskarte, zur Charakterisierung eines Menschen, zur Verdeutlichung spiritueller Ebenen und Erfahrungen. Denn *Savitri* ist die persönliche Erfahrung Sri Aurobindos und der Mutter. So sind Savitri, Satyavan, Aswapati u.a. selbst Repräsentanten kosmischer Energien, die auch in uns und um uns herum spürbar und erfahrbar sind.

Sri Aurobindo hat immer wieder neue Passagen hinzugefügt, alte abgeändert oder gestrichen. Seine Arbeit währte vierunddreißig Jahre – eine lange Zeit, verglichen mit der kurzen Zeit, in der er seine anderen großen Werke schrieb. Er begann 1916 an *Savitri* zu arbeiten und schrieb an der letzten Fassung noch bis 1950, also bis kurz vor seinem Mahasamadhi.

SAVITRI UND SATYAVAN – DIE DUALE KRAFT GOTTES

Dies ist der Knoten, der die Sterne aneinander bindet:
Die Zwei, die eins sind, bilden das Geheimnis aller Macht.
Die Zwei, die eins sind, sind auch in den Dingen Macht und Recht.
Und seine Seele trägt und fördert schweigend diese Welt und sie,
und seine Handlungen sind die Register ihrer Vorschrift.
Untätig, glücklich liegt er ihr zu Füßen:
Er bietet seine Brust ihr dar für ihren Tanz im Kosmos,
dessen zitterndes Theater unser Leben ist
und den niemand ertragen könnte, wäre nicht seine Stärke darin,
doch auch niemand verlassen würde wegen seiner Freude.
S. 73 (63)

Dualseelen oder auch Zwillingsseelen haben zu allen Zeiten die Fantasie und die Sehnsucht nach Vereinigung beflügelt. Mythische und spirituelle Texte, Minnelieder und Poesie handeln von der Suche nach der SeelenpartnerIn und der Rückgewinnung der oder des Geliebten aus dem Reich des Todes (Isis und Osiris, Orpheus und Eurydike, Romeo und Julia).

In Indien stehen Savitri und Satyavan für das kosmische Ideal, bei dem die Geliebte sogar den Tod in die Knie zwingt und ihre Dualseele wieder zurückbringt.

Nun, da wir uns im Übergang zu einem neuen Zeitalter und in der Spirale einer rasch fortschreitenden Evolution des Bewusstseins und der menschlichen Spezies befinden, wird das Thema der Beziehung zwischen Frau und Mann auf der spirituellen Ebene immer aktueller und brisanter.

Die Beziehung zwischen Frau und Mann bedarf einer völlig neuen Orientierung. Um auf eine spirituelle Ebene erhoben zu werden, ist es notwendig, Abhängigkeiten sexueller, ökonomischer, sozialer und psychischer Prägung zu transformieren. Dadurch können sie von der meist vitalen Ebene* auf eine seelisch-spirituelle Ebene gehoben werden. Konkret ausgedrückt: Als Frauen müssen wir uns auf die uns innewohnende Kraft der Göttlichen Mutter – unsere Shakti – zurückbesinnen; sie in uns hineinziehen, um unsere äußere Natur zu transformieren; sie wieder zum zentralen Hebel unseres Seins werden lassen.

Die Mutterkraft in uns wirken zu lassen bedeutet, dass wir uns ganz ihrer lenkenden und schöpferisch-kreativen Macht hingeben, um zu reinen Gefäßen ihres Wirkens zu werden. Nur wenn wir uns dieser unserer Bestimmung hingeben, wird die Göttliche Mutter uns in die Spirale eines göttlich ausgerichteten Bewusstseins emporheben, uns durch alle Hindernisse führen. Aus dieser neu gewonnenen Perspektive und Stärke können wir unser Verhältnis zur Welt, zur Schöpfung und auch zum männlichen Teil der Schöpfung neu gestalten, wobei eine Veränderung des männlichen Bewusstseins ebenso erfolgen muss. Dies wäre in der Tat ein Riesenfortschritt, da Männer mehr zu verlieren haben (Privilegien, gesellschaftlich-soziale Vormachtstellung etc.) und fundamentalen Veränderungen gegenüber meist skeptisch bis ablehnend gegenüberstehen.

Allerdings wirkt die Shakti als Energie und Kraft gleichfalls im männlichen Geschlecht, sonst würden die Männer nicht geboren und

---

* Die Ebene des Begehrens, der Wünsche, Emotionen und Leidenschaften. Es gibt auch ein höheres Vital, das die Herzensliebe beinhaltet.

könnten nicht existieren, denn die Shakti herrscht über *Mind, Life and Body*. Als Kinder der Großen Mutter könnten auch sie ein ungeheures Wachstum erreichen, wenn sie sich der mütterlichen Macht und Kraft überantworten würden!

In diesem Prozess der Bewusstwerdung können Savitri und Satyavan, so wie wir sie hier als lebendige Emanationen kosmischer Bewusstseinsqualitäten kennenlernen, behilflich sein. Savitri ist mehr als eine Legende und ein Symbol. Sie ist gelebte Erfahrung, wie Sri Aurobindo und die Mutter mehrfach hervorgehoben haben (siehe hierzu S. 9 f.). Die Welt von *Savitri* kann die darin beschriebenen Emanationen in uns lebendig werden lassen, d.h., wir können uns deren Repräsentanten in uns selbst öffnen, sie in uns erkennen.

Savitri ist unser höchstes Wahrheitsbewusstsein; unser inneres Licht, das alle Dunkelheit in uns vertreiben kann; unsere Liebeskraft und Fülle des Seins, mit der wir jegliches Hindernis überwinden können. Satyavan ist das Streben und das Verlangen unserer Seele nach Verschmelzung mit dem Göttlichen, unsere Sehnsucht, den Fängen von Unwissenheit, Leid und Tod zu entkommen. Aswapati, Savitris Vater, ist unser höchstes spirituelles Streben nach göttlicher Vollkommenheit. Sri Aurobindo hat uns hier ein diamantenes Werkzeug in die Hände gelegt, das für unseren spirituellen Feinschliff unentbehrlich ist.

Dafür möchte ich Sri Aurobindo aus tiefstem Herzen danken!

Im Yoga von Sri Aurobindo nimmt die Göttliche Mutter einen zentralen Platz ein:

Auch im Yoga ist es das Göttliche, das sowohl der Sucher ist als auch der Weg. Es ist Seine kosmische Energie, Seine Shakti, die mit ihrem Licht, ihrem Wissen und Bewusstsein, ihrer Macht und ihrer Seligkeit auf das Adhara [das menschliche Gefäß, S.B.] wirkt und, wenn es sich ihr geöffnet hat, mit ihren *göttlichen Kräften hineinströmt, die erst den Yoga ermöglichen. Solange aber die niedere Natur aktiv bleibt, bleibt auch die persönliche Anstrengung des Suchenden erforderlich.**

Mit jedem Kapitel von *Savitri* wird dies immer deutlicher.

Zur Bedeutung von Shakti

In den patriarchalen Religionen des Christen- und Judentums sowie des Islam wird ausschließlich von einem Vatergott gesprochen, zumindest im exoterischen Aspekt. Der weibliche Aspekt war noch im mystischen Urchristentum vorhanden. Einen Anklang daran findet man darüber hinaus noch in der Verehrung der Jungfrau Maria, die zwar nicht als Göttin anerkannt ist, im Katholizismus und in der orthodoxen Kirche aber als »Mutter Gottes« verehrt wird. Im Protestantismus wurde dieser Rest weiblich-göttlicher Verehrung leider größtenteils in die Verbannung geschickt! In der jüdischen Mystik wird der weibliche Aspekt Gottes als Shekina verehrt (Kabbalah).

Die Verehrung der Magna Mater wurde über lange Zeitepochen, von der Prähistorik bis zur hellenistischen Antike, weltweit in allen Kulturen praktiziert und prägte deren ethisches, soziales, intellektuelles und spirituelles Leben. Zeugnisse davon sind – auch wenn vieles durch patriarchale Usurpatoren zerstört wurde – auch heute noch zu finden. Die Göttliche Mutter wurde in vielen Kulturen als Mutter Natur, die große Multiplikatorin der Schöpfung, verehrt und war jeder männlichen Gottheit überlegen. Einige

---

* Sri Aurobindo: *The Mother* (S. 9)

der prominenten weiblichen Gottheiten sollen hier beispielhaft aufgeführt werden:

- Ishtar (Babylon, Assyrien)
- Inanna (Sumer)
- Astarte (bekannt in diversen semitischen Kulturen)
- Isis und ihre Schwester Nephtys (Ägypten)
- Kybele (Kleinasien, später auch Griechenland)
- Aphrodite, Artemis, Demeter, Kore (Griechenland)
- Venus, Diana (Rom)
- Brighid (Kelten)
- Nerthus (Germanen)
- Hmatar (Finnland)
- Mara (Balten)
- Pachamama (Inka)

Diese Göttinnen aus aller Welt wurden über Jahrtausende verehrt. Die Kelten bewahrten den Göttinnenkult noch weit über die Zwangschristianisierung im Mittelalter hinaus.

Shakti-Verehrung

Um die Bedeutung und das Wirken der Energie und Kraft von Savitri, Tochter der Sonne und Göttin der höchsten Wahrheit, besser verstehen zu können, sei hier kurz auf die Bedeutung des Göttlichen in seiner weiblichen Form eingegangen.

In keinem Land der Erde ist die Verehrung der Göttlichen Mutter heute noch so lebendig wie in Indien, auch wenn Frauen unter der patriarchalen Vorherrschaft in der täglichen Praxis diskriminiert, vergewaltigt und verfolgt werden, ja früher sogar als Witwen verbrannt wurden (Sati-Ritus*), was seit 1947 offiziell verboten ist. Letzteres kommt heute noch vereinzelt, dann meist in getarnter Form, auf dem Lande vor. Laut aktueller Volkszählung (2011) beträgt der Mädchenanteil unter sechs Jahren in Indien nur noch 914 auf 1000 Jungen (Vergleich: 2001 waren es noch 927 zu 1000). Geschlechtsbestimmung während der Schwangerschaft ist zwar offiziell verboten, wird aber von vielen Ehepaaren mithilfe von Ultraschall vorgenommen. Mädchen werden dann abgetrieben. Das renommierte Medizinjournal *The Lancet* publizierte 2006 eine Schätzung, nach der in den letzten 20 Jahren rund 10 Millionen Mädchen in Indien abgetrieben wurden.**

Die »Roten Brigaden« der indischen Frauen

Seit der bestialischen Gruppenvergewaltigung einer 23-jährigen Studentin in Delhi Anfang 2013, die kurz darauf starb, gab es Massenproteste nicht nur in Indien, sondern auf der ganzen Welt. Dass dies nur die Spitze eines Eisbergs ist, dürfte klar sein. Nicht

* Sati war die »erste« Frau Shivas. Aus Protest gegen die Ausgrenzung und Beleidigung ihres Ehemannes setzte sie sich durch ihre eigene yogische Kraft in Flammen. Daksha Prajapati, der Vater Satis, hatte ein großes Opferritual (*Yajna*) veranstaltet, zu dem er alle Göttinnen und Götter – außer Shiva – eingeladen hatte. Shiva bat Sati, an dem Opferritual teilzunehmen. Dort stellte sie ihren Vater zur Rede, warum er nicht auch Shiva eingeladen habe. Er meinte, dass doch niemand unter den anwesenden Göttinnen und Göttern wisse, woher Shiva denn käme. (Dies mag auch ein Hinweis auf Shivas frühvedischen Ursprung sein.) Sati verbrannte sich selbst daraufhin aus Zorn gegen diese Beleidigung. Sie kündigte jedoch an, sie würde als die »Tochter der Berge« – Haimavati, Parvati – wiederkommen.

** *Tageszeitung*, 1.4.2011

nur die Tatsache, dass ca. 250 hohe Staatsbeamte, denen mehrfacher sexueller Missbrauch vorgeworfen wurde, in Amt und Würden bleiben durften, wirft ein weiteres Schlaglicht auf die offizielle Duldung bzw. Minimalisierung sexueller Gewalt an Frauen. Proteste und Stellungnahmen an die Regierung von Frauenorganisationen, diese Minister zum Rücktritt zu bewegen, blieben unbeantwortet. Sie amtieren weiter.

Erfreulich hingegen ist die Nachricht, dass sich als Antwort auf die zunehmende Gewalt die »Rote Brigade« von Frauen in Lucknow, Uttarpradesh, Nordindien, formiert hat. Die Frauen wollen die Straße zurückerobern und Zeichen setzen gegen sexuelle Gewalt. Es vergeht kein Tag, an dem nicht neue Greueltaten bekannt werden. Allein die Tatsache, daß alle 21 Minuten (!) eine Frau vergewaltigt wird, ist ein dringender Aufruf an alle Frauen, sich zu erheben.

Die Lehrerin Usha, selbst Opfer sexueller Gewalt, gründete 2010 die »Roten Brigaden«. Sie gibt an: »Alle meine Schülerinnen sind Opfer von irgendeiner Form sexueller Belästigung. Sexuelle Gewalt hat riesige Ausmaße hier. Nirgends sind die Mädchen sicher.« Aus Angst ließen viele Eltern ihre Töchter nicht einmal mehr zur Schule gehen.

Inzwischen sind über 120 Mädchen im Alter von 14 bis 18 Mitglied der Brigaden. Sie revoltieren gemeinsam gegen eine Gesellschaft, die ihre Frauen im Stich lässt und wie Gebauchsgegenstände behandelt. »Wir wollen eine Vorreiterrolle spielen«, so Usha, die Gründerin. »Wir glauben, dass sich die Männer ändern müssen.«

Die Frauen machen Straßentheater, um die Abtreibung weiblicher Föten anzuprangern. Sie treten der Polizei auf die Füße, indem sie Berichte über Vergewaltigungen sammeln und wie Anklageschriften der Polizei übergeben, deren Beamte Vergewaltigungen gegenüber meist blind und taub sind oder die selbst noch zu Tätern werden.

In einem Land, in dem Frauen sanft, leise und gefügig sein sollen und nicht ihre Stimme erheben dürfen, fällt es besonders auf, wenn die Brigaden in ihren roten Kurtas (Tunika) und schwarzen Hosen und Schals (Rot steht für Kampf und Stärke, Schwarz für Protest) laut schreiend und protestierend durch die Straßen laufen und, wenn Gefahr im Verzug ist für eine Frau, mit dem Ruf »Khatre Ki Ghanti« (frei übersetzt: »Gefahr im Verzug«) Mädchen und Frauen warnen und, wenn nötig, auch die Männer und Jungs verprügeln. Sie erhalten inzwischen Kurse in Karate und Kung-Fu. Für viele Hilfesuchende, auch Eltern, sind die Roten Brigaden eine Anlaufstelle geworden für Rat und Tat, da die Polizei die Opfer bzw. deren Familien meist wegscheucht.

Inzwischen haben die wehrhaften Frauen in ganz Indien Aufmerksamkeit bekommen und auch schon mehrere Preise erhalten. »Wenn ein Junge oder Mann sich danebenbenimmt, beschweren wir uns erst bei den Eltern, dann bei der Polizei und den Medien. Wenn alles nichts hilft und er weiter Mädchen belästigt, verprügeln wir ihn«, sagt Usha. »Die bösen Jungs haben Angst vor uns.«*

Shaktismus und Tantra

In Indien, der Geburtsstätte des *Sanatana-Dharma* (das Ewige Göttliche Gesetz, später fälschlich als »Hinduismus« und somit als Religion bezeichnet), findet die weiblich-göttliche Kraft oder Energie – die Shakti – überall Anerkennung und Verehrung. Kein männlicher Gott ist ohne seine dynamisch-schöpferische Kraft, seine Shakti, vorstellbar. Es gibt in der Ikonographie eine Darstellung von Kali und Shiva, auf

* Information aus: *Der Tagesspiegel*, Berlin, 11.07.2013

der Shiva als »Leichnam« zu sehen ist. Das »i« in Shiva symbolisiert das Weibliche, seine Shakti. Ohne das »i« würde Shiva zu Shava werden, was Leichnam bedeutet. Shakti tanzt auf seinem Leib und dokumentiert somit ihre Herrschaft über Schöpfung, Leben und Vergehen.

Besonders die Richtung des Shaktismus, der auch im heutigen Indien noch großen Einfluss hat und auf prähistorische, also auch frühvedische Ursprünge zurückgeführt werden kann, zieht immer noch viele Menschen an, da wir ja alle die Erinnerung an die Geborgenheit im Mutterleib und die mütterliche Liebe und Fürsorge in uns tragen. Daraus entwickelten sich verschiedene Formen des Tantra. Gemeinsam ist beiden die Verehrung des weiblichen Prinzips, der Göttlichen Mutter in ihren mannigfaltigen Aspekten.

Wir wollen nun einen Blick auf die uns bekannten Anfänge der Verehrung der Großen Mutter werfen, sowohl auf dem indischen Subkontinent (Indus-Kultur) als auch darüber hinaus.

Die Harappa-Kultur

Früheste Spuren menschlicher Aktivität auf dem Gebiet des heutigen Pakistan stammen aus der Altsteinzeit (etwa 500.000 v. Chr). Weitere Spuren reichen zurück in die Jungsteinzeit (20.000 v. Chr.), als die Verehrung der Muttergöttin in allen bekannten Kulturen praktiziert wurde.*

Die Industal-Zivilisation, auch bekannt als Indus-Kultur (eigentlich Indus-Sarasvati-Kultur, da die Indus-Kultur sich ein Jahrtausend später aus der Sarasvati-Kultur entwickelte) oder Harappa-Kultur (nach einem der Hauptausgrabungsplätze am Fluss Ravi benannt), deren Blütezeit zwischen 2300 und 1740 v. Chr. gelegen haben soll, ist eine immer noch nicht voll erforschte Hochkultur. Sie wurde überhaupt erst 1857 entdeckt, als Arbeiter der East India Company zufällig auf unterirdische Bauten stießen, deren Steine zunächst für den Unterbau von Bahngleisen benutzt wurden. Erst nach dem Auffinden von Tonsiegeln im Jahre 1912 wurden umfangreiche Ausgrabungen unternommen, die zur Entdeckung von Harappa (1921) und Mohenjo-Daro (1922) führten. Bis heute sind weit über eintausend dieser frühen Siedlungen ausgegraben worden. Ein Ende ist noch nicht in Sicht.

---

* Der größte Teil dieses Kapitels (ab S. 25 Mitte) ist ein zuvor unveröffentlichter Text von Helmut Kunkel (2012).

Über den Ursprung und das plötzliche Verschwinden dieser Hochkultur gibt es recht unterschiedliche Angaben. Sie war eine der frühesten hochentwickelten städtischen Zivilisationen und umfasste große Ansiedlungsgebiete, mit den städtebaulichen Glanzleistungen von Mohenjo-Daro, Dholavira, Kot Diji, Lothal und Kalibangan. Diese Gebiete umfassten große Territorien der heutigen Staaten Afghanistan, Pakistan und Gujarat und verliefen entlang dem Indus und der ausgetrockneten Sarasvati* im Nordwesten des indischen Subkontinents. Die Indus-Kultur hatte somit ein größeres Einflussgebiet als das der zeitgleich existierenden ägyptischen und mesopotamischen Hochkultur zusammengenommen. Mohenjo-Daro war weltweit die größte uns heute bekannte Stadt der damaligen Zeit.

Die Harappa-Kultur umschloss eine Population von rund fünf Millionen Menschen. Nach bisheriger Forschung scheint sie eine nicht hierarchisch geordnete Gesellschaft gewesen zu sein, die keine Kriege führte. Sie folgte vermutlich matriarchalen Prinzipien, was aus ikonographischen Funden ablesbar ist wie auch aus dem Vergleich mit anderen matriarchal geordneten Gesellschaftssystemen des Vorderen Orients, Kleinasiens und der östlichen Mittelmeerländer. Mit einigen Regionen des Nahen und Mittleren Ostens bestand ein reger Handelsverkehr, vor allem mit Teilen Afghanistans, der Küstenregion des heutigen Iran sowie Nord- und Zentralindien. Ein wichtiger Warenaustausch bestand auch mit Sumer, zu Land

---

* Der Fluss Sarasvati fließt unterirdisch weiter. Im Übrigen sind alle Flüsse in Indien immer mit der Göttin verbunden, allen voran die Ganga, gefolgt von Yamuna und Sarasvati, die in Allahabad (Uttar Pradesh, Nordindien) zusammenfließen. Dort findet auch alle 12 Jahre das größte spirituelle Ereignis Indiens statt, die *Khumba-Mela*, zu der viele Millionen Pilgerinnen und Pilger kommen.

wie auch zu See. Nach bisherigen Ausgrabungen hatte die Harappa-Zivilisation eine erstaunlich hohe Stufe erreicht mit einem ausgefeilten Städteplanungssystem. Erstmals in der Geschichte wurde gebrannter Ziegel mit perfekten Maßen verwendet. Nach Münz- und Skulpturfunden zu urteilen, war diese Gesellschaft wohlhabend. Etwa um 1800 v. Chr. muss die Harappa-Kultur ihr Ende gefunden haben, ohne Spuren kriegerischer Auseinandersetzungen oder sonstiger Katastrophen hinterlassen zu haben.

Vorläufer der Harappa-Kultur

Was die Ursprünge der Indus-Sarasvati-Zivilisation betrifft, so gibt es mehrere Theorien, aber jüngere Forschungen deuten auf wesentlich ältere Wurzeln als bislang angenommen.

Es ist eine bekannte Tatsache, dass der Meeresspiegel vor 20.000 Jahren etwa 130 Meter unter dem heutigen Pegel lag. Somit ist es nur logisch, in den Meeresregionen vor den heutigen Küsten nach untergegangenen Kulturen zu suchen. Forscher wie Graham Hancock haben hier wertvolle Pionierarbeit geleistet (siehe beispielsweise sein 2002 erschienenes umfangreiches Werk *Underworld – The Mysterious Origins of Civilization*).

In ähnlicher Absicht unternahm auch die indische Regierung 1999/2000 mehrere Forschungsexkursionen im Golf von Khambhat, einer turbulenten Meeresbucht im heutigen Gujarat, die wegen ihrer Stürme und starken Strömungen bei Seefahrern berüchtigt ist. Tauchen ist dort zu gefährlich, auch sieht man wegen der aufgewirbelten Sandmassen unter Wasser nichts. Daher wurden mit modernsten Forschungsmethoden wie Side-Scan-Sonar und einem Subbottom-Profiler Bilder von festen Formationen auf und unter dem

Meeresgrund erstellt. Mithilfe eines Bodengreifers und eines Baggers wurden außerdem zahlreiche Bodenproben entnommen.*

Die Fundstücke wurden von mehreren wissenschaftlichen Instituten und Universitäten mit verschiedenen Methoden auf ihr Alter hin untersucht. Es stellte sich heraus, dass es im Golf zwei Paläokanäle (ehemalige Betten von Flüssen, die einst über Land flossen) gab, an denen jeweils Überreste einer größeren Metropole gefunden wurden. Neben den Grundrissen von Gebäuden fand man Keramikscherben (gebrannt und sonnengetrocknet), Werkzeuge, aus Halbedelsteinen gefertigte Perlen, Ziegelstücke und Reste von Öfen.

Die Datierung ergab ein Alter von teilweise weit über 10.000 Jahren. Für einige Keramikscherben wurde sogar ein Alter von mehr als 30.000 Jahren ermittelt. Auch konnte nachgewiesen werden, dass diese Fundstücke nicht von woanders ins Meer gespült wurden, sondern seit jeher zur Region gehören, in der sie gefunden wurden.

Die prähistorischen Bauten hatten teilweise riesige Grundrisse von bis zu 200 Metern Seitenlänge; auch gab es Bodensenken mit von oben hinabführenden Treppen, die stark an die Bäder der Indus-Kultur erinnerten. Es gab weiterhin Gebäude, in deren Nähe versteinerte Getreidekörner gefunden wurden. Diese Gebäude hatten die typische Form der Kornkammern, die eine Standardeinrichtung bei vielen Ruinenstätten der Harappa-Kultur waren.

Der wissenschaftliche Leiter der Expedition, B. Badrinaryan, kam zu dem Schluss, dass es sich bei den Unterwasseranlagen wahrscheinlich um frühe Vorläufer der Harappa-Kultur handelt. Die Gegend wurde immer wieder von starken Erdbeben heimgesucht, was zu großen

* Vgl. hierzu den Artikel von B. Badrinaryan »Der Golf von Khambhat« im Buch *Das verschollene Wissen der Vorzeit* (Kopp Verlag 2011). Die hier dargelegten Angaben beruhen auf diesem Artikel.

Verwerfungen der Oberflächenstruktur und letztlich zum Untergang der beiden Städte führte. Ein großes Erdbeben fand vor etwa 7500 Jahren statt, und Badrinaryan nimmt an, dass dabei die beiden Städte untergingen und sich die Überlebenden der Katastrophe weiter ins Landesinnere zurückzogen, um dort ähnliche Städte zu gründen, die wir heute als Stätten der Indus-Kultur kennen.

In einigen regionalen Liedern der Kacchi-Mundart ist von vier prähistorischen Metropolen dieser Region die Rede. Drei von ihnen kennen wir: Mohenjo-Daro, Harappa und Dholavira. Bei der vierten könnte es sich um Dvaraka handeln, die legendäre, aus den Puranas bekannte Stadt des Gottes Krishna, die im Meer untergegangen sein soll. Badrinaryan vermutet, eine der beiden Unterwasserstädte im Golf von Khambhat könnte Dvaraka gewesen sein.

Aber auch zu Lande fand man Vorläufer der Indus-Kultur, die Ackerbau betrieben. Zeugnisse hiervon gibt es in Belutschistan (heute Pakistan). Die am besten erforschte Stätte dieser Zeit ist Mehrgarh, die 6500 v. Chr. entstand. Ab dem 4. Jahrtausend v. Chr. war die Amri-Kultur, die direkte Vorläuferin der Indus-Kultur, nachweisbar. Um 2600 v. Chr. erfolgte die Umwandlung der kleinen Dörfer in hochentwickelte Städte mit mehreren Tausend Einwohnern, die nicht primär in der Landwirtschaft tätig waren. Alle Städte folgten der gleichen, wohldurchdachten Planung und Bauweise mit ausgefeilten Sanitär- und Bewässerungsanlagen.

Die Industalschrift

Die Indus-Kultur ist auch für ihre Schrift bekannt, die auf Terrakotta-Siegeln erscheint und in wissenschaftlichen Kreisen noch heute als unentziffert gilt. Das Problem liegt vor allem darin, dass es keine längeren, zusammenhängenden Texte gibt. Es wurden bereits vielfältige Versuche der Entzifferung unternommen. Vor allem der finnische Forscher Asko Parpola hat sich auf diesem Gebiet einen Namen gemacht. Man neigt aus verschiedenen Gründen zur Ansicht, die Inschriften repräsentieren eine nichtindoeuropäische Sprache.

Ich möchte aber in diesem Zusammenhang den deutschen Sprachforscher Kurt Schildmann (1909–2005) erwähnen, der eine beachtenswerte Deutung versucht hat. 1999 erschien sein Buch *Als das Raumschiff Athena die Erde kippte*, in dem er sich intensiv mit der Industalschrift befasst. In einem Interview des Jahres 2004, abgehalten in seinem Haus in Bonn, erklärte er, wie es dazu kam, dass er sich mit der Entzifferung der Industalschrift befasste. In einem von Erich von Dänikens Büchern stieß er auf die Abbildung eines Schriftsiegels in Form einer Pyramide: Oben befand sich die Abbildung eines Elefanten, gefolgt von drei Zeilen Text mit jeweils drei, vier und fünf Symbolen.* Schildmann kam auf den Gedanken, dass dieses Siegel als eine Art Rosetta-Stein erschaffen worden sein könnte, um künftigen Forschern einen Schlüssel zur Entzifferung der Schrift in die Hand zu geben. Er deutete daraufhin die drei Wörter als *pil*, *aleph* und *hastin*. Das erste Wort bedeutet auf Persisch Elefant, das zweite Wort ist eine altorientalische Bezeichnung des Elefantenbullen, das dritte Wort ist das Sanskritwort für den »Rüsselträger« (bedeutet also ebenfalls »Elefant«). Diese zündende Idee brachte dann den Durchbruch, und es gelang Schildmann, die mehreren hundert Zeichen der alten Industalschrift so zu deuten, dass sich sinnvolle Texte ergaben.

---

* Das Siegel ist in *Meine Welt in Bildern* (1973) abgebildet. Interessanterweise handelt es sich um einen Fund aus Cuenca (Peru), der die gleichen Schriftzeichen aufweist wie die Siegel der Induskultur. Schildmann geht von einer Kultur mit weltweiter Verbreitung aus (die gleichen Schriftzeichen erscheinen auch auf Funden aus der Burrows Cave, Illinois, USA).

Es würde den Rahmen dieses Büchleins sprengen, weiter auf die Deutungsmethoden Schildmanns einzugehen, aber die Inhalte der Texte sind so brisant, dass ich dennoch einige Punkte erwähnen möchte, die vor allem für den Götterkult der Indus-Kultur interessante Aussagen machen.

Es ist an einer Stelle von einem Gott Brahma die Rede, der als der höchste der 33 Götter bezeichnet wird. Ansonsten jedoch erscheint Brahma als unpersonifizierte Gottheit, die über den Göttern steht, ähnlich wie man es auch aus späteren Aussagen der Veden und Upanishaden kennt.

Erwähnt wird oft der Bogenschütze und »Bogenbrecher« Rama. Interessant ist hierbei, dass auch im *Ramayana* eine Zeremonie beschrieben wird, in dem Rama den Bogen Shivas zerbricht und so die Hand Sitas gewinnt.

Erwähnt werden auch Vishnu und dessen Inkarnationen als Rama, als gigantischer Fisch, der erste der zehn Dashavataras*.

Es ist wiederholt von einem Volk der Speerträger die Rede, das anscheinend unter der Leitung von Shiva und Durga stand. Am öftesten erwähnt von allen Göttern werden die beiden weiblichen Gottheiten Durga und Uma. Der Göttinnenkult Indiens baut auf der Verehrung der Muttergöttin aus der Indus-Sarasvati-Zivilisation auf. Archäologische Funde gaben Aufschluss darüber, dass es eine Verehrung der Mutter-Gottheit gab.**

---

* Die »zehn Avataras« Vishnus sind: (1) Matsya, der gigantische Fisch (erschienen im Satya-Yuga); (2) Kurma, die Schildkröte (Satya-Yuga); (3) Varaha, der Eber (Satya-Yuga); (4) Narasimha, Halb-Mensch/halb-Löwe (Satya-Yuga); (5) Vamana, der Zwerg (Treta-Yuga); (6) Parashurama, »Rama mit der Axt« (Treta-Yuga); (7) Ramacandra, der König von Ayodhya (Treta-Yuga); (8) Krishna (Dvapara-Yuga); (9) Buddha (Kali-Yuga); (10) Kalki (Kali-Yuga).

** Vgl.: Danino/Nahar: *The Invasion That Never Was*, S. 105 f.

In den Texten finden sich auch Hinweise auf Reinkarnation, Opferdarbringungen und weitere Themen, die im späteren »Hinduismus« ebenfalls eine Rolle spielen.*

~ *Arktische Ursprünge der vedischen Zivilisation?*

Der Gelehrte Bal Gangadhar Tilak, ein Freund und Mitstreiter Sri Aurobindos zu dessen politisch engagierter Zeit, meint sogar, das Volk der »Indoarier« sei vom Nordpol hergekommen, nachdem es um etwa 10.000 bis 8000 v. Chr. durch die letzte Eiszeit von dort vertrieben worden war (siehe hierzu sein Buch *The Arctic Home in the Vedas* von 1893). Er baut dabei auf die inzwischen anerkannte Tatsache, dass in den arktischen Regionen vor der letzten Eiszeit ein wesentlich milderes Klima herrschte, als man annehmen könnte. Wie Knochenfunde und Höhlenzeichnungen beweisen, lebten in Nordsibirien vor 10.000 Jahren große Säugetiere wie das Mammut, das Wollnashorn, der Höhlenlöwe, der Säbelzahntiger und andere, die aufgrund ihrer Nahrungserfordernisse nur in gemäßigten Klimazonen leben können. Die Urheimat der so vertriebenen, nach Europa und Asien ziehenden »Ur-Indoarier« soll nach Aussage der Veden eine Region gewesen sein, in der die Tage und Nächte jeweils rund ein halbes Jahr dauerten. Dies folgert Tilak nicht nur aus der Tatsache der Beschreibung des einmaligen Auf- und Untergangs der Sonne pro Jahr, sondern auch aus den Gebeten zur Verehrung der Dämmerung im *Rig-Veda*, wo 30 Dämmerungsschwestern beschrieben werden, was

---

* Weitere Informationen finden sich in dem 2006 erschienenen Buch *The Inscriptions of the Indus Civilization* von Rainer Hasenpflug. Dieses Buch baut im Wesentlichen auf der Arbeit von Kurt Schildmann auf. Erwähnenswert sind in diesem Zusammenhang auch die Forscher N. J. Jha und N. S. Rajaram (*The Deciphered Indus Script*).

nur in polaren Regionen sinnvoll ist (dort dauert die Dämmerung vor Sonnenaufgang etwa einen Monat). Auch in den zoroastrischen Schriften der alten Perser sind ähnliche Aussagen zu finden, sodass der Gelehrte Spencer in den 1960er Jahren Tilaks Lehre aufgriff und – hauptsächlich auf Grundlage des *Avesta* – noch wesentlich weiter entwickelte.

Diese Ideen konnten sich zwar im Westen nicht durchsetzen, aber insbesondere Spencers Gedanken wurden von Gelehrten Indiens wie Ramaswami Aiyer und S. Radhakrishnan sowie von der Theosophischen Schule in Adyar aufgegriffen und unterstützt.*

Jene arktischen Wanderer breiteten sich in Wellen bis nach Indien aus. Dies geschah laut Tilak in der »Aditi-Periode« (8000 bis 5000 v. Chr). Während dieser Zeit wurden Teile dieser wandernden Völker in Europa sesshaft und gründeten dort erste landwirtschaftliche Kulturen. Diese entwickelten sich in der Orion-Periode (5000 bis 3000 v. Chr.) und der Stier-Periode (3000 bis 1500 v. Chr.) weiter. Spuren hiervon sind insbesondere auf dem Balkan (Donauzivilisation, Malta) und im heutigen Pakistan (Indus-Kultur) zu finden.

Die Menschen dieser Hochkultur waren durch klimatische Änderungen gezwungen, ihre Ansiedlungen zu verlegen, was sie dann auch taten. Es gibt Anzeichen für einen abrupten Klimawandel und eine lang anhaltende Dürre (2200-1900 v. Chr.) in ganz Südwestasien.**

---

* Vgl. Joscelyn Godwins Buch *Arktos – Der polare Mythos zwischen NS-Okkultismus und moderner Esoterik* (Ares-Verlag, 1996), S. 37 ff.

** Vgl. S.M. Rajaram & David Frawley: *Vedic Aryans and the Origins of Civilisation*, S. 253-260, A Literary and Scientific Perspective, Voice of India, New Delhi, 1995.

GAB ES EINE ARISCHE EROBERUNG INDIENS?

Es liegt mir am Herzen, hier ein heißes Eisen anzupacken, das nach wie vor für viel Verwirrung sorgt. Wer und was ist »arisch«, wer sind die »Arier«? Der Hitler-Faschismus machte daraus ein rassistisches Thema, und wie ich zeigen werde, hat die Vorstellung arischer Überlegenheit noch heute zahlreiche Anhänger. Deshalb ist dieser Exkurs bedeutsam.

Die meisten indologischen Quellen gehen von einer »arischen Eroberung« des indischen Subkontinents um 1500 v. Chr. aus. Dieses umstrittene Thema kann hier nicht in der Ausführlichkeit behandelt werden, die es verdient hätte. Hierzu verweise ich auf die profunden Darstellungen der neueren Forschung zum Thema.*

Dennoch komme ich nicht umhin, geschichtlich etwas auszuholen, um Verallgemeinerungen zu vermeiden. Denn von der Entwicklung des Begriffs »Arier« bis hin zur Idee der »arischen Herrenrasse« waren die verschiedensten Persönlichkeiten beteiligt, und ihre jeweiligen Rollen dabei sind auch sehr differenziert zu sehen.

Diese unrühmliche Geschichte nahm ihren Anfang mit einer zunächst völlig unschuldigen linguistischen Entdeckung. Gegen

---

* K. D. Sethna: *The Problem of Aryan Origins*, Aditya Prakashan, New Delhi 1980 und 1992; K. D. Sethna: *Ancient India in a New Light*, Aditya Prakashan, New Delhi 1997; K. D. Sethna: *Problems of Ancient India*, Aditya Prakashan, New Delhi 2000; Michel Danino / Sujata Nahar: *The Invasion That Never Was*, The Mother's Institute of Research, Delhi and Mira Aditi, Mysore 1996 und 2000; Francoise Gautier: *Rewriting Indian History*, Vikas Publishers, New Delhi 1996. Edwyn Bryant / Laurie L. Patton (Hrsg.): *The Indo-Aryan Controversy*, Routledge, New York 2005; Sri Aurobindo: *The Secret of the Veda*, Sri Aurobindo Ashram Trust, Pondicherry 1956 und 1998

Ende des 18. Jahrhunderts fiel dem britischen Indologen William Jones die sprachliche Verwandtschaft zwischen Sanskrit, Latein und Griechisch auf. Dies hatte eine Welle des Interesses am Sanskrit und der altindischen Literatur und Philosophie zur Folge, vor allem in England und Deutschland. Gelehrte und Dichter wie Humboldt, Schlegel, Schopenhauer und Hölderlin suchten mithilfe der indischen Literatur nach einer spirituellen Bereicherung der hauptsächlich naturwissenschaftlich geprägten Aufklärung.

Der erste Forscher, der einen systematischen Vergleich der drei genannten klassischen Sprachen und moderner europäischer Sprachen unternahm, war der deutsche Sanskritologe Franz Bopp (1830er Jahre). August Schleicher versuchte später, auf Grundlage dieser Erkenntnisse eine protoindoeuropäische Sprache (PIE) zu rekonstruieren, die im ebenfalls von Schleicher entworfenen Sprachenstammbaum einen leeren Platz ausfüllte. Zwar gab es dafür keine schriftlichen Quellen – die gibt es bis heute nicht –, aber dennoch beflügelt die Rekonstruktion dieser »indoeuropäischen Ursprache« bis heute die Fantasie der Linguisten. Der Begriff der Indogermanistik, den Bopp selbst kategorisch ablehnte, war geboren.

Um 1860 schlug der deutsch-britische Sanskritologe Max Müller vor, den Begriff »indogermanisch« durch den aus Indien stammenden Begriff »arisch« zu ersetzen, weil er das Wort »indogermanisch« für begrenzend hielt (romanische und slawische Sprachen schienen nicht berücksichtigt zu sein).

Ebenfalls in der ersten Hälfte des 19. Jahrhunderts gab es einen weiteren illustren Entdecker, der auf anderen Gebieten arbeitete: Charles Darwin. Seine auf weiten Forschungsreisen gewonnenen Einsichten führten zur Evolutionstheorie. Es fand eine Biologisierung der Ethnologie statt, und der Begriff »Rasse«, der zuvor gleichbedeutend mit »Volk« benutzt wurde, erfuhr eine Umdeutung und erhielt genetische Dimensionen: Hautfarbe, Behaarung sowie Schädel- und Lippenform waren nun unterscheidende Merkmale, nicht mehr etwa bloß eine gemeinsam bewohnte Region oder eine gemeinsame Sprache – oder eine Religion, was das Hauptunterscheidungsmerkmal von Rassen in der Antike und im Mittelalter gewesen war.

Max Müller äußerte sich entsetzt über diesen Wandel und distanzierte sich ausdrücklich von dem Begriff »arische Rasse« – den er selbst benutzt hatte – im Sinne einer genetischen Auslegung. Aber die Ethnologen gewannen an Einfluss, während der Einfluss der Sprachforscher, insbesondere in seiner spirituellen Ausprägung, mehr und mehr verdrängt wurde.

Mit dem Aufkommen von Genetik und Rassenlehre betraten auch andere Ideen der Biologie das Terrain des Menschen: die »Zuchtwahl«. Die USA, dann die Schweiz und Schweden gehörten zu den ersten Ländern, in denen die sogenannte Eugenik populär wurde (inklusive Heiratsverbote, Zwangssterilisationen und Zwangskastrationen). Diese Entwicklungen begannen gegen Ende des 19. Jahrhunderts. Man hoffte, durch gezielte Zeugung Menschen mit besserem Erbgut heranzüchten zu können, unter gleichzeitiger Ausschaltung »minderwertigen Erbguts«. Schriftsteller wie Arthur de Gobineau und Houston Stewart Chamberlain vertraten auch die Auffassung der genetischen Überlegenheit einer »Rasse« über eine andere.

Da Juden nicht zu den Indoeuropäern gezählt wurden, war auf einmal wieder eine alte Gegenüberstellung möglich: die »Rasse« der Arier (nichtjüdische Nordwesteuropäer, die zumeist Christen waren) und die der Juden. Wie bereits erwähnt, galt viele Jahrhunderte lang die Religion als Hauptunterscheidungsmerkmal von Rassen.

Halten wir uns nochmals vor Augen: Linguisten rekonstruierten eine Sprache, für die es keinerlei schriftliche Quellen gibt. Daraus wurde eine »Rasse« abgeleitet, deren Existenz – vor allem in ihrer Zusammengehörigkeit – ebenfalls alles andere als geklärt ist. Auf der Grundlage dieses unklaren und spekulativen Gebräus wurden dann konkrete, tiefgreifende Praktiken durchgesetzt.

Die dämonischste Ausformung jener Theorie zeigte sich im Hitler-Faschismus, wo die rassisch postulierte »Überlegenheit« dazu diente, einen beispiellosen Genozid gegen andere Völker und Ethnien zu starten (Theorie der Untermenschen). Als einer der Mentoren der »Ariertheorie« tat sich der US-Unternehmer Henry Ford hervor, auf dessen Schriften sich einige Nazis bei den Nürnberger Prozessen beriefen. So sagte Reichsjugendführer Baldur von Schirach: »Das ausschlaggebende antisemitische Buch, das ich damals las, und das Buch, das meine Kameraden beeinflusste [...] war das Buch von Henry Ford *Der internationale Jude*. Ich las es und wurde Antisemit. Dieses Buch hat damals auf mich und meine Freunde einen so großen Eindruck gemacht, weil wir in Henry Ford den Repräsentanten des Erfolgs, den Repräsentanten aber auch einer fortschrittlichen Sozialpolitik sahen.«

Aber auch im kolonialen Indien, wo sich die Engländer als direkte Nachfolger der »arischen Einwanderer« und somit als »rassisch überlegen« betrachteten, diente diese Theorie als Legitimation für die Unterdrückung und Ausbeutung der indigenen Populationen.

So wurde beispielsweise der *Rig-Veda* als indoeuropäisch und nicht als vedisch eingestuft. In der kolonialen Diktion wurde dies als Rechtfertigung gesehen, dass sich die vermuteten Arier in Indien niederlassen konnten, wie es ihnen passte.*

---

* Siehe hierzu T. H. Griffith: *The Hyms of the Rgveda*, Motilal Barnasidass, Delhi, 1973.

Die Theorie der arischen Invasion kam erst mit dem Erscheinen der Engländer in Indien und der europäischen Orientalisten im 19. Jahrhundert auf. Die indische Bevölkerung hatte zuvor nie etwas davon gehört, auch die heiligen Schriften liefern keinerlei Zeugnis ab über eine derartige Einwanderung. Es wurde postuliert, dass 1500 v. Chr. hellhäutige Arier – Analphabeten (!) – aus unterschiedlich lokalisierten Gebieten Europas nach Indien »eingewandert« seien und die ursprüngliche Bevölkerung, die Draviden, unterworfen bzw. in den Süden Indiens getrieben hätten. Die Arier galten fortan als die rassisch überlegenen Herrscher im Norden, während die dunkelhäutigeren Draviden sich mit dem Süden begnügen mussten. Diese unglückselige Spaltung ist auch heute noch im Bewusstsein der indischen Bevölkerung vorhanden und diente immer wieder als Grund feindlicher Auseinandersetzungen und Abgrenzungen (siehe Tamil Nadu). Sri Lanka ist ebenso ein Beispiel jener Spaltung (Singhalesen = Arier; Tamilen = Draviden).

Die Theorie der arischen Einwanderung galt fortan als bewiesen, ohne dass jemals ein Beweis dafür gefunden wurde. Es wurde den Ariern unterstellt, dass sie kurze Zeit nach ihrem Erscheinen in Indien die so hochkomplexe Sprache Sanskrit entwickelt und die vedischen Schriften verfasst hätten. Wohlgemerkt, die Arier galten als Analphabeten! Wie kann so etwas möglich sein mit einer solch elaborierten Sprache, die sich über lange Zeitabläufe aus verschiedenen lokalen Färbungen erst sehr viel später als vedisches Sanskrit entwickelt hat mit einer Grammatik (Panini), die ebenso hochkomplex ist? Viele Gelehrte platzieren das Datum der Komposition des *Rig-Veda* in die Ära der Sarasvati-Indus-Zivilisation, also 5000 bis 4000 v. Chr., und wie die noch heute überprüfbaren astronomischen Symbolismen der Veden zeigen, sind sie noch älter.

Die Invasionsbefürworter neigen dazu, die in den Veden beschriebenen Kämpfe zwischen Ariern und Dasyus als Beweis für das Vorhandensein einer arischen Rasse zu sehen. Die Dasyus wurden als die Ureinwohner, die Draviden, gesehen.

Im *Rig-Veda* wird betont, dass es sich bei den Kämpfen um Kämpfe auf der spirituellen Ebene zwischen Kräften des Lichtes und der Dunkelheit handelt.

Es gibt keine arische Rasse. Als arisch gilt eine innere Haltung, ein hohes ethisch-moralisches Konzept der Selbstdisziplin und Gottesverwirklichung. Jeder kann ein Arier sein, der diesem inneren Streben folgt (siehe hierzu auch *Bhagavad-Gita*: Krishna benennt ausdrücklich Arjuna als »Arier« und fordert ihn auf, mit dieser Haltung zu kämpfen), ein Kastenloser (*Shudra*) ebenso wie Menschen wie du und ich.

*Allerdings war das eine bloße Mutmaßung, denn im Rig-Veda selbst wird deutlich erklärt, dass die Kriege zwischen Ariern und Dasyus Schlachten zwischen den Mächten des Lichts und der Dunkelheit waren, dass das Wort »Arier« im Veda nicht im Sinne einer Rasse benutzt wurde, sondern ausschließlich dafür, eine Charaktereigenschaft und eine Kultur zu beschreiben, die Liebe zur Wahrheit und die Bereitschaft, dafür zu kämpfen. All dies wurde einfach beiseite gekehrt, und auf diesen nichtexistenten Grundmauern wurde ein großes Gedankengebäude errichtet.**

Der Rassenbegriff, wie er im neunzehnten und frühen zwanzigsten Jahrhundert benutzt wurde, ist inzwischen von der Humanbiologie als völlig unbrauchbar eingestuft und abgelehnt worden. [...] Es gibt keinen

* Danino: *The Invasion That Never Was*, S. 27

*Grund, heutzutage anzunehmen, dass es jemals eine arische Rasse gegeben hätte, die indoeuropäische Sprachen sprach und von einem kohärenten und wohldefinierten System arischer oder indoeuropäischer Kulturmerkmale beherrscht worden wäre.**

Die britischen Kolonialherren profitierten von der Ariertheorie ungemein, denn sie wurde für die Spaltung Nord-Süd und die angenommene rassische Überlegenheit der Arier, als deren direkte Nachfahren sie sich sahen, benutzt. Auch der Kastenkonflikt wurde enorm angetrieben, denn die Brahmanen galten nun als Arier, die Shudras als recht- und kastenlos. Somit setzten die Briten mit der Kolonisierung fort, was ihre Vorfahren bereits begonnen hatten! Auf der religiösen Ebene wurde das Alter der Veden weit heruntergesetzt und deren Inhalt verunglimpft bzw. als rein animistisch und abergläubisch dargestellt. Dies hatte eine breite Welle der Konvertierung zum Christentum, besonders im Punjab, zur Folge.

Hier sei kurz auf Max Müller, *die* Ikone der Indologie des 19. Jahrhunderts, eingegangen. Er war der erste Europäer, der den *Rig-Veda* übersetzte. Interessant ist hierbei, dass seine Übersetzungsarbeit von der East India Company finanziert wurde, also jener Organisation, die im Auftrag der britischen Krone die Kolonialisierung Indiens vorantrieb. Er maß den Veden allein philologischen Wert bei und negierte den spirituellen Wert. Außerdem postulierte er eine arische Rasse und deren Eroberung des Subkontinents – Ideen, die er vierzig Jahre später abstritt. Auch seine willkürlich festgesetzte Chronologie der indischen Schriften, heute noch en vogue in indologischen Kreisen, wurde von ihm selbst widerrufen.

---

* Gregory Possehl: *The Indus Age: The Beginnings*, S. 42, Oxford & IBH, 1996

*Ob nun die vedischen Hymnen um 1000 oder 1500 oder 2000 oder 3000 v. Chr. verfasst wurden, wird niemand je mit Sicherheit feststellen können.**

*Was nun das wahre Alter des Veda anbelangt [...] angenommen, wir würden es auf 5000 v. Chr. legen, so bezweifle ich, dass jemand ein solches Datum widerlegen könnte. Gehen wir jedoch über den Zeitrahmen der Entstehung des Veda hinaus, um zur Zeit der Entstehung des Sanskrits vorzustoßen [...] so habe ich meine Zweifel, dass wir mit 5000 Jahren auskämen.***

Indische Gegenstimmen

Bevor die europäischen Orientalisten im 19. Jahrhundert mit der Theorie der arischen Eroberung hereinbrachen, hatte man in Indien nie von etwas Derartigem gehört. Fast wäre man geneigt, von einer »kollektiven Amnesie« des indischen Volkes zu sprechen, wären nicht illustre Gegenstimmen zu Wort gekommen, so zum Beispiel Sri Aurobindo.

*Die als Lückenfüller dienende Hypothese – dass nämlich diese Vorstellungen zivilisierter Draviden von barbarischen arischen Eroberern übernommen wurden –, ist eine Mutmaßung, die nur wieder auf weiteren Mutmaßungen aufbaut. In der Tat kann man sich des Zweifels nicht erwehren, dass die arische Einwanderung aus dem Punjab ein reines Märchen sein dürfte, erfunden von Philologen.****

---

* F. Max Müller: *Collected Works*, Bd. II, S. 91
** Max Müller: *My Autobiography*, S. 200
*** Sri Aurobindo: *The Secret of the Vedas*, S. 5 f.

*Im Laufe der letzten Jahrhunderte sind wir in Indien der festen Angewohnheit verfallen, uns fraglos einer jeden Autorität zu beugen. [...] Wir sind bereit, alle europäischen Theorien anzuerkennen, so die Theorie der »arischen« Kolonisierung eines dravidischen Indien oder die Theorie, die vedischen Rishis seien Anhänger einer Naturreligion oder eines Henotheismus gewesen [...] Die Kraft ansprechender Verallgemeinerungen und weitverbreiteter Irrtümer ist so groß, dass jedermann den Fehler aufrechterhält, von indoarischen Rassen zu sprechen, arische Verwandtschaft beansprucht oder leugnet und auf dieser unwahren Grundlage die weitreichendsten politischen, gesellschaftlichen oder pseudowissenschaftlichen Schlussfolgerungen zieht.**

Der Sanskritgelehrte Swami Dayananda Saraswati schrieb:

*In keinem sanskritischen Geschichtsbuch ist zu lesen, dass die Arier aus dem Iran kamen, die Inder überrumpelten [...] und dann deren Herrscher wurden.***

Swami Dayananda betonte ebenso, dass das Wort »Arier« für eine innere Haltung, eine Moral, steht und nicht für Rassenzugehörigkeit und Indien die Heimat der »Aryavarta«, das Heim der Arier, sei und er diesen Begriff im ursprünglichen Sinn benutze für »vedisches Indien«. Er wies die gesamte europäische Sichtweise der Veden zurück. Sri Aurobindo bemerkte hierzu:

Er setzte zu Recht auf den Veda im Sinne von Indiens traditionellem Urgestein. [...] Was die Interpretation der Veden betrifft, so bin ich überzeugt: Wie auch

---

* Swami Vivekananda, Originalquelle unbekannt

** Zitiert von Vidyanand Saraswati in seinem Artikel »Original Home of the Aryans« in: *Facets of Indian Civilisation – Recent Perspectives*, Aryan Books International, New Delhi, 1997, Bd. 1, S. 206

*immer die umfassende Interpretation letztlich aussehen mag, Dayananda wird als der Erste geehrt werden, der die richtigen Hinweise gab.**

Dayananda nahm auf öffentlichen Veranstaltungen die christlichen Missionare auseinander und warf ihnen Unkenntnis der Schriften vor. Die indische Historikerin Sita Ram Goel schrieb darüber, dass bald darauf die massenhaften Konvertierungen, vor allem im Punjab, aufhörten, die Missionare sich von den öffentlichen Debatten immer mehr fernhielten und Dayananda eine »Shuddhi«-Bewegung (Reinigung, Läuterung) einleitete, für alle, die sich durch die missionarischen Fehlinterpretationen vom Hinduismus abgewandt hatten.

Swami Vivekananda war die nächste gewaltige Stimme gegen die Theorie der arischen Invasion. Er selbst war nicht nur ein Gelehrter der heiligen indischen Schriften, sondern kannte sich auch hervorragend in den Werken westlicher Philosophen aus. Er bemerkte in einer seiner Reden in den USA: »Und was eure europäischen Pandits über den Einfall der Arier in das Land der Eingeborenen und die arische Besiedlung Indiens durch deren Vernichtung sagen, all das ist reiner Unsinn, dummes Gerede. Seltsam ist, dass unsere indischen Gelehrten alle Ja und Amen dazu sagen.« Traurig fügte er dann hinzu: »Und all diese ungeheuerlichen Lügen werden unseren Kindern beigebracht!«

Leider ist das noch heute der Fall!

Auf einer öffentlichen Rede in Indien bemerkte er mit seinem scharfen Humor:

---

* Sri Aurobindo: *Bankim – Tilak – Dayananda*, Centenary Edition, Sri Aurobindo Ashram, Pondicherry, 1972, Bd. 17, S. 334

*Unsere (europäischen) Archäologen bilden sich ein, Indien sei voller schwarzäugiger Eingeborener gewesen und hellhäutige Arier seien von weißgottwoher gekommen. Einige glauben, sie seien von Zentraltibet gekommen, während andere Zentralasien als Herkunftsort angeben. Dann gibt es patriotisch gesinnte Engländer, die sich die Arier rothaarig vorstellen. […] Wenn der jeweilige Autor schwarzhaarig ist, dann waren die Arier zweifellos schwarzhaarig. Kürzlich wurde versucht zu beweisen, dass die Arier an den Schweizer Seen lebten. Ich muss gestehen, dass es mich nicht reute, wären sie dort alle ertrunken, mitsamt der dazugehörigen Theorie. Einige sagen jetzt gar, sie hätten am Nordpol gelebt. Gott segne die Arier und ihre Heimstätten! Was jedoch den Wahrheitsgehalt dieser Theorien betrifft, so ist nicht ein Wort in unseren Schriften zu finden – nicht ein einziges –, das zeigen würde, dass die Arier von einem Ort außerhalb Indiens gekommen sind, wobei das antike Indien auch Afghanistan mit einschloss. So viel zu diesen westlichen Vorstellungen. Und die Theorie, dass die Shudra-Kaste [d. h. die niedrigste Kaste] samt und sonders aus Nichtariern bestand […] ist ebenso unlogisch und irrational. […] Ganz Indien ist arisch, damit hat sich's.**

Swami Vivekananda war sich der zersetzenden Arbeit der Missionare sehr wohl bewusst, die alles dransetzten, eine vereinheitlichte indische Bewegung zu verhindern. Auch in den USA war er Zielscheibe ihrer Spitzfindigkeiten, da er es verstand, aufgrund seines enormen Wissens eine große Zuhörerschaft für die Themen indischer Spiritualität zu gewinnen.

Als weitere mächtige Gegenstimme führe ich B.R. Ambedkar an. Er ist in Indien bekannt als vehementer Interessenvertreter der niedersten

---

* Swami Vivekananda: *Lectures from Colombo to Almora*, Calcutta Advaita Ashrama, Calcutta 1992, S. 221 f.

Kaste (er selbst war ein Harijan) und auch durch seine Arbeit an der indischen Verfassung. Er tat, was auch Sri Aurobindo tat: Er studierte Sanskrit und die Veden ausführlich, um herauszufinden, was an der Eroberungstheorie und der Rassenzuordnung der Arier und Nichtarier dran ist. Er kam zu dem Schluss:

*Die Theorie der Invasion ist eine Erfindung. Diese Erfindung ist notwendig wegen der haltlosen Annahme, die indogermanischen Völker seien die reinsten Vertreter der ursprünglichen arischen Rasse. Diese Theorie ist gestrickt aus reinen Wunschvorstellungen und aus Schlussfolgerungen, die auf derartigen Wunschvorstellungen beruhen. Die Theorie hat nichts mit wissenschaftlicher Forschung zu tun, denn sie erwächst nicht aus Fakten. Vielmehr wurde sie vorher erdacht, und die Fakten wurden dann willkürlich ausgewählt, um die Theorie zu beweisen. Sie wackelt an allen Ecken und Enden.**

An anderer Stelle schreibt er:

Ich bin zu folgenden Schlussfolgerungen gekommen:

1. In den Veden ist keinerlei Rede von einer arischen Rasse.

2. Es gibt in den Veden keine Anhaltspunkte für eine Invasion Indiens durch eine arische Rasse, die dann die Dasas und Dasyus besiegt hätte, die angeblichen Ureinwohner Indiens.

3. Es gibt keinen Beweis dafür, dass die Unterscheidung zwischen Ariern, Dasas und Dasyus eine Rassenunterscheidung war.

4. Die Veden unterstützen nicht die Behauptung, dass die Arier sich in der Hautfarbe von den Dasas und Dasyus unterschieden. […] Wenn Anthropometrie eine verlässliche Wissenschaft zur Bestimmung der Rasse eines

---

* B.R. Ambedkar, zitiert von D.B. Thengadi in *The Perspective*, Sahitya Sindhu Prakashan

*Volkes ist [...] so sind Brahmanen und Unberührbare als zur gleichen Rasse gehörig einzustufen. Daraus wiederum folgt: Wenn die Brahmanen Arier sind, sind auch die Unberührbaren Arier. Und wenn die Brahmanen Draviden sind, sind auch die Unberührbaren Draviden.**

* B. R. Ambedkar, *Writings and Speeches, Bd. 7, S. 85 und 302 f.*, Education Department, Government of Maharashtra, Bombay, 1986-1990

FRAUEN IN DER VEDISCHEN ZEIT

Die vedische Epoche erstreckt sich über einen langen Zeitraum. Über das tatsächliche Alter und die Ursprünge dieser Kultur gibt es recht widersprüchliche Aussagen. Während die indologische Lehrmeinung den Zeitraum auf 1500 bis 600 v. Chr. datiert (siehe Zeittafel unten; Quelle: Wikipedia), lassen die spirituellen Texte und Aussagen der Weisen (Rishis) eine Zeitspanne von mehreren Tausend Jahren vermuten.

6500 v. Chr.	[unsichere Datierung] Mehrgarh: älteste entdeckte Siedlung im Industal
2600 v. Chr.	Hochkultur beginnt: Städteplanung, Kanalisation
1800 v. Chr.	Untergang der Induskultur
1500 bis 600 v. Chr.	Vedische Zeit [offizielle indologische Angabe]
500 v. Chr.	Beginn der buddhistischen Gandhara-Kultur; etwa 1000 Jahre während
711 n. Chr.	Erster islamischer Einfluss
1526 bis 1761 n. Chr.	Mogulreich; Blütezeit des Islam auf dem indischen Subkontinent
1859 bis 1949	Britische Herrschaft
ab 1947	Teilung in die Staaten Indien und Pakistan

Beispielsweise wird das Alter des vom Rishi Vyasa verfassten *Shrimad Devi Bhagavatam*, des heiligen Buchs der Göttlichen Mutter für die Shaktas und Tantriker, unterschiedlich angegeben. Der Sanskritgelehrte Acharya Mayapati Shastri (Sri Vishnu Datta Mishra) gab ein Alter von 7000 Jahren an.

In die heute verfügbare Form wurde das über tausendseitige Werk erst im 11. Jahrhundert n. Chr. übertragen. Das Alter der frühen Upanishaden wird von Vivekananda mit 7000 Jahren angegeben, während die »offiziellen« (d.h. westlichen) Quellen von einem wesentlich jüngeren Alter ausgehen.

Der indische Gelehrte und Politiker des beginnenden 20. Jahrhunderts Bal Gangadhar Tilak kam aufgrund von astronomischen Aussagen im *Yajur-Veda* zum Schluss, diese Schrift müsse 8000 bis 10.000 Jahre alt sein.

Auf jeden Fall gehören die vedischen Schriften zu den ältesten spirituellen Texten menschlicher Zivilisation. Es gibt vier Vedas*, die von den Rishis, den weisen Sehern, von Mund zu Ohr (Shruti) an auserwählte Schüler und Schülerinnen weitergegeben wurden. Erst viel später wurden sie niedergeschrieben. Über jene vergangenen Epochen geben lediglich astronomische Angaben Aufschluss, die heute noch überprüfbar sind.

Wir können davon ausgehen, dass der Beginn der vedischen Zeit matriarchal geprägt war. Sie enthält Elemente des sich erst später zu voller Blüte entwickelnden Tantra, während die späten Phasen bereits patriarchal geprägt waren. So mischt sich die vedische Kultur mit matriarchalen Überlieferungen, deren Ursprünge in der Sankhya-Philosophie, dem sich daraus entwickelnden Shaktismus und den Tantra-Shastras zu finden sind.

---

* *Rig-Veda*, *Sama-Veda*, *Yajur-Veda* und *Atharva-Veda*

Der *Atharva-Veda* legt Zeugnis über die gleichwertige Rolle der Frauen ab. So heißt es in *Atharva-Veda* 7.47.2: »O Frau! Du weißt alles. Bitte gewähre uns Wohlstand und Reichtum.« Oder *Atharva-Veda* 11.1.17: »Diese Frauen sind rein, heilig und yajniya (so hoch angesehen wie das Yajna-Opfer).«

Im *Rig-Veda* 10.159.4 erklärt eine Frau in ihrem »Triumphlied«: »Mit welcher Opferspende Indra opferte und der Glänzende, Höchste wurde, diese habe ich, ihr Götter, jetzt vollzogen.«* Dieser Vers zeigt auch, dass auch Frauen Opfer ausüben konnten, genauso wie Männer.

Was gesellschaftliche Verantwortung betrifft, so erfahren wir im *Yajur-Veda* (20.9): »Mann und Frau stehen gleiche Rechte zu, um als Herrscher ernannt zu werden.«

Im Gegensatz zur heute üblichen Praxis wählte die Frau in der vedischen Zeit ihren Bräutigam selbst aus, auch unter den Kshatriyas, (Krieger- und Königskaste), den herrschenden Clans. Kinderehen waren unbekannt, ebenso die sogenannte »seclusion«, also die Separierung der Frauen, die sich erst unter der muslimischen Herrschaft durchsetzte. Frauen waren oft Priesterinnen, soziale und ethische Gesetzgeberinnen, Astronominnen und besetzten andere bedeutende Stellungen.

Frauen hatten das Recht, die vedischen Rituale selbst auszuüben. RV (8.91.1) stellt fest, dass bei einem Yajna eine Jungfrau den Göttern Soma darbietet. Anmerkung: Im vedischen Zeitalter wurde der vedische Yajna gemeinsam vom Ehemann und der Ehefrau zelebriert.

Es wurde als die natürlichste Funktion für die Ehefrau angesehen, die Hymnen beim vedischen Yajna zu singen; erst später wurde das gesamte Singen vom Udgata-Priester ausgeführt (Shatapatha Brah. 14.3.1.35). Anmerkung:

---

* Übersetzung von Karl-Friedrich Geldner

Bis spät in die Ramayana-Periode führten Frauen Sandhya und andere Rituale aus. (Ramayana 2.20.15)

*Es gibt in der vedischen Gesellschaft keinen Hinweis darauf, dass Frauen abgeschieden wurden. Ganz im Gegenteil, sie hatten auf den Versammlungen zu sprechen (RV 10.85.26). Anmerkung: Der Rig-Veda enthält mehr als 25 weibliche Seher, denen einer oder mehrere der vedischen Suktas oder Mantras offenbart wurden. Die Gewohnheit, Frauen in Lehrberufen zu haben, geht zurück bis in die Zeit der Upanishaden, in denen weise Frauen wie Gargi an den Diskussionen philosophischer Abhandlungen teilnahmen. Vak Ambhini wurde die sehr philosophische Rig-Veda-Hymne (10.121) über die Macht der Rede offenbart.**

Im vedischen Pantheon gab es viele prominente weibliche Gottheiten. An erster Stelle Aditi, die von den vedischen Sehern, den Rishis, als große Gebärmutter wahrgenommen wurde, die alle Universen in sich aufgenommen hatte. Diese werden wiederum von ihr neu geboren, und sie beherbergt in ihrem Leib auch Agni, den allseits verehrten Feuer- und Schöpfergott. Aus ihr gehen letztlich alle Götter des vedischen Pantheons hervor. Sie wird als die älteste Mutter aller Götter und als Ausgangspunkt aller Schöpfung bezeichnet. Wenn sie ausatmet, gebiert sie die Schöpfung, beim Einatmen nimmt sie diese wieder in sich auf (Pralaya).

N.N. Bhattacharyya fasst es so zusammen:

Viele lebendige Merkmale der späteren Hindu-Religion und -Philosophie sind direkt auf diese frühvedischen Quellen zurückzuführen, und in diesem

---

* R. L. Kashyap: *Essentials of Atharva Veda*; Sri Aurobindo Kapali Sastry Institute of Vedic Culture, Bangalore, 2004, S. 56

Zusammenhang können wir auf die Prinzipien des Tantra, des philosophischen Sankhya, die Ausübung von Yoga und den heutigen Shaktismus hinweisen. Sie traten im Rig-Veda nur wenig in den Vordergrund, aber dafür in den späten Vedas und in den noch späteren Brahmanas, Upanishaden, Epen und Puranas umso ausführlicher. Das vedische Hirtenvolk hatte sich bis dahin längst mit anderen Rassen vermischt und einige ihrer kulturellen Eigenarten angenommen. Die oben erwähnten Merkmale des Hindu-Lebens, die sich aus der Mutter-orientierten Weltanschauung entwickelten, stehen in gegenseitiger Beziehung, die eine mit der anderen tief verbunden. Der tief wurzelnde Einfluss dieser Weltanschauung, was das alldurchdringende weibliche Prinzip betrifft, hat sich auf allen Gebieten der Religion und Rituale viele Epochen lang gehalten.*

---

* N.N. Bhattarcharyya, *History of the Sakta Religion*, New Delhi 1996, S. 16

DIE SANKHYA-PHILOSOPHIE

Im spirituellen Leben Indiens zur Zeit der Rishis waren Sankhya und Vedanta eng verbunden, wobei Sankhya bereits eine bedeutende Rolle in der Zeit vor den Rishis spielte. Werfen wir einen kurzen Blick auf die Grundzüge dieser Philosophie, die immerhin den Grundstein für die gesamte rationale Philosophie bildete. Kapila, ihr Begründer, wird überall voller Hochachtung erwähnt. In der *Bhagavad-Gita* findet er als Vibhuti (vollkommener Mensch) Verehrung.

Die Sankhya-Philosophie geht davon aus, dass unsere Existenz durch ein duales Prinzip bestimmt wird: Purusha und Prakriti – Seele und Natur. Dabei wird der Purusha als der stille Zeuge betrachtet, der den ständigen kreativen Prozess von Prakriti in all seinen Formen beobachtet.

Die Sankhya-Philosophie beruht auf der Betonung und Analyse der Prinzipien der Natur und des Bewusstseins – Prakriti (Natur) und Purusha (Seele). Sie betont den personalen Aspekt – Prakriti –, vervielfältigt und pluralisiert den Purusha und verleiht der Natur Universalität. Jegliche Existenz wird bestimmt durch das Bewusstsein, das sieht (Purusha), und das Bewusstsein, das das, was wir sehen, ausführt (Prakriti). Der Purusha ist der stille Beobachter, der sich in die Arbeit der Prakriti nicht einmischt, jedoch alles, was sie erschafft, reflektiert wie in einem Spiegel seiner ewigen Existenz. Prakriti schafft ununterbrochen, führt aus und formt alle Dinge zum Vergnügen des Purusha. Kurz ausgedrückt, führt Prakriti die Pläne Purushas aus, und Purusha wiederum unterwirft sich den Schöpfungen Prakritis, insofern sie dem Gefallen Purushas entsprechen. Was dem nicht entspricht, löst sie auf. Purusha und Prakriti sind nicht nur Zeuge und begutachtete Aktivität, sondern Gott und seine ausführende Kraft. Der Purusha ist Ishvara, die Prakriti seine Shakti. Ihr gemeinsames Spiel ist sowohl das Motiv als auch die ausführende Kraft jeglicher Existenz im Universum. In dieser Auffassung hat jede Seele eine unabhängige Existenz, wenn auch alle Seelen einen gemeinsamen universalen Ursprung haben. Der Purusha ist statisch, sieht dem dynamischen Tanz von Prakriti zu und lässt sie gewähren. Sie führt jedoch nur das aus, was nach den universalen Plänen des Höchsten beschlossen ist. Prakriti ruht in Purusha, und Purusha ist in Prakriti enthalten. Die Sankhya-Auffassung vom Aufbau der Welt (Purusha, Prakriti, die Elemente, die Indriyas, Buddhi etc.) hat das spirituelle Denken Indiens immer stark beeinflusst, auch in der Zeit vor den Rishis. Sankhya war allgemein anerkannt, und Kapila wurde überall mit Verehrung erwähnt.

Die erste Manifestation der Prakriti wird in der Sankhya-Philosophie als Mahat bezeichnet, die Intelligenz, wörtlich das »große Prinzip«. Mahat ist universal und beinhaltet alle Ebenen des Bewusstseins: das Unterbewusstsein, das Bewusstsein und das Überbewusstsein. Aus Mahat entspringt der »universale Egoismus« (siehe Vivekananda), d.h. die Selbstsucht. Es gibt praktisch keinen Unterschied zwischen Geist und Materie, höchstens einen graduellen. Die Substanz ist die gleiche in gröberer oder feinerer Form. Die eine geht in die andere über. Der Geist ist nicht getrennt vom Gehirn.

Der Egoismus unterteilt sich in zwei Kategorien: die der Sinnesorgane und die der Reaktion. Die Impulse des Bewusstseins werden auf die jeweiligen Neuronen übertragen und an die Sinnesorgane weitergeleitet. Aus der gleichen Substanz werden die Tanmatras gebildet, die feinstofflichen Partikel, die unsere

Wahrnehmungsorgane stimulieren und die Sinneseindrücke bewirken. Wir können sie nicht wahrnehmen, wir wissen jedoch, dass sie existieren. Aus den Tanmatras entstehen die grobstofflichen Elemente: Erde, Wasser, Feuer, Luft und Äther, aus denen alle Existenz im Universum gebildet ist, die wir wiederum mit unseren Sinnesorganen wahrnehmen können.

Was im Makrokosmos existiert, muss auch im Mikrokosmos existieren. Der Mensch besteht zunächst einmal aus undifferenzierter Natur, die sich dann in Mahat verwandelt, einen kleinen Teil jener universellen Intelligenz. Dieser Teil wird wiederum in Egoismus verwandelt, dann in die Sinnesorgane, die feinstofflichen Partikel, die unseren Körper bilden.

Wie bereits zu Beginn dieses Abschnitts erwähnt, bildet die Sankhya-Philosophie die Grundlage aller rationalen philosophischen Systeme, und somit ist Kapila der »Vater der rationalen Philosophie«. Pythagoras studierte Sankhya in Indien, und dies bildete dann den Grundstock der griechischen Philosophie. Platon schöpfte aus diesem Wissen, und die Gnostiker brachten es schließlich nach Alexandria, von wo aus es sich auch im nichthellenischen Europa verbreitete.*

Ich habe mir diesen Exkurs deshalb gestattet, weil die Sankhya-Philosophie auch in *Savitri* eine prominente Rolle spielt. Besonders in Buch I, Canto 4, »Das geheime Wissen« wird das vielfältige Wirken dieses kosmischen Paares sehr eindrücklich beschrieben.

»Dies ist der Knoten, der die Sterne aneinander bindet;
Die Zwei, die eins sind, bilden das Geheimnis aller Macht, [...]
Untätig, glücklich liegt er ihr zu Füßen:

---

* *The Complete Works of Vivekananda*, Bd. 2, S. 442

Er bietet seine Brust ihr dar für ihren Tanz im Kosmos,
dessen zitterndes Theater unser Leben ist [...]«
S. 73 (63)

In *The Synthesis of Yoga* schreibt Sri Aurobindo zur Bedeutung von Purusha und Prakriti:

*Herr des Yogas ist der Purusha, die bewusste Seele, die weiß, beobachtet, anzieht und leitet. Im Tantra jedoch ist es Prakriti, die Natur-Seele, die Energie, die maßgebliche Entscheidungskraft im Universum. Der tantrische Yogi verfolgte die Ziele seiner Disziplin – Meisterschaft, Perfektion, Befreiung und Glückseligkeit –, indem er die intimsten Geheimnisse dieser maßgeblichen Willenskraft sowie deren Methode erlernte und anwandte. Anstatt sich der manifestierten Natur und ihren Schwierigkeiten zu entziehen, trat er ihr entgegen, bemächtigte sich ihr und überwand sie.**

Sri Aurobindo beschreibt die beiden nicht bloß als Zeuge und Beobachter ihrer Aktivität, sondern auch als Gott und dessen Exekutivkraft. Der Purusha ist Ishvara, Prakriti ist seine Shakti. Ihr Spiel miteinander ist das Motiv und die ausführende Kraft im gesamten Universum.**

---

* Sri Aurobindo: *The Synthesis of Yoga*, SABCL, Bd. 20, S. 46; zitiert nach Prema Nandakumar in *Perspectives of Savitri*, Bd. 2, S. 181, Pondicherry 2002
** Vgl. *All India Magazine*, Juli 2007, *Monthly Magazine of Sri Aurobindo Society*, Pondicherry; und *The Synthesis of Yoga*, 1948/1999, Pondicherry.

SHAKTISMUS UND TANTRA IM SPIRITUELLEN LEBEN INDIENS

Du bist der Same des Universums.
Und die höchste Maya.
All diese Welten sind von Dir verzaubert.
Du bist, wenn es Dir gefällt, die Ursache der Erlösung der Menschen.
(aus: *Devi Mahatmya*)

Als Shakta wird der Verehrer der weiblich-göttlichen Energie, der Shakti, bezeichnet. Die Doktrin ist sowohl mündlich als auch schriftlich überliefert worden und in den Agamas enthalten, die mit den Puranas, der Smriti und den Vedas die vier Hauptkategorien der indischen Schriften bilden. Manche westlichen Schriftsteller bezeichnen die Agamas als ein »merkwürdiges Nebenprodukt des Hinduismus«, doch oft haben sie sich nicht die Mühe gemacht, in die verschlüsselte Symbolik und die tiefgründige Verehrung des Weiblich-Göttlichen einzudringen. Sie haben die im Laufe der Jahrhunderte eingetretene Verdunkelung der ursprünglichen Prinzipien, die regional sehr unterschiedlich ausgelegt wurden, als Essenz der Doktrin genommen und ein generelles Verdikt darüber verhängt.

Die vier regionalen Zweige der Agamas sind Bengalen, Kashmir, Orissa und Kerala. Bengalen ist als Konzentrationspunkt der Tantra-Shastras bekannt, doch auch in Kashmir hatte die tantrische Doktrin und Praxis einen lebendigen Einfluss und eine große Anhängerschaft.

Im Tantra bzw. Shaktismus liegt die Betonung auf der Shakti, während Veda und Vedanta die Grundlagen und Prinzipien spirituellen Wissens behandeln. Der Tantrismus beschäftigt sich mit meist umfangreichen magischen Ritualen, Astrologie, okkulten Erscheinungen und vor allem mit der Verehrung der göttlichen Shakti. Das Aufsteigen der Kundalini-Energie (die ursprüngliche Mutterkraft, die bis zu ihrer Erweckung an der Basis der Wirbelsäule ruht) und das Reinigen und Aktivieren der entsprechenden Chakren sind wesentliche Bestandteile dieser Yoga-Form.

Tantra lehrt uns, uns zu transformieren, die göttliche Shakti zu uns heran- und in uns hineinzuziehen. Es ist eine unabhängige Form von Yoga, die magische und mystische Formeln lehrt. Es geht von einem zentralen Prinzip der Natur (Prakriti) aus, von ihrer großen dynamischen Kraft, die in jedem Lebewesen wirkt.

Es gibt die Lehre der »rechten Hand« (Dakshina-Marga) und die der »linken Hand« (Vama-Marga). Beide gehen davon aus, dass der Körper, der Mikrokosmos, identisch ist mit dem Universum, dem Makrokosmos, und somit die Heimstatt kosmischer Wesenheiten darstellt. Tantriker betrachten den Körper als vollkommenes Medium (Yantra) zum Erfassen der kosmischen Wahrheiten. »Wer die Wahrheit des Körpers erkennt, wird dann dazu kommen, die Wahrheit des Universums zu erfassen!« (*Ratnasara*)*

Im ursprünglichen Sinn war Tantra die Unterscheidung zwischen dem Weg des Wissens und dem Weg von Ananda (vollkommene Seligkeit). Auf beiden Wegen gab es am Ende eine Verdunkelung der

* Ajit Mookerjee: *Tantra Asana*, Wien 1971

Prinzipien, eine Entstellung der Symbole. Die höchste Blüte war in Indien zwischen 500 und 800 n. Chr.

Sir John Woodroffe erläutert:

*Shakta-Tantra ist kein formales philosophisches System (Darshana). Es ist im weitesten Sinn ein Oberbegriff für Schriften und verschiedene Traditionen, durch die die gesamte Kultur einer bestimmten Epoche in der Geschichte Indiens zum Ausdruck kommt. Seine Inhalte sind daher von enzyklopädischer Bandbreite und umfassen Themen wie Religion, Rituale, volkstümliche Bräuche, Recht und Gesetz, Medizin, Magie usw. Es hat großen historischen Wert, was heute die beste Empfehlung für indische Schriften zu sein scheint [...]**

Tantra unterscheidet sich deutlich von der vedantischen Methode des Yoga: Hatha-, Raja- und Trimarga-Yoga (Jnana-, Karma- und Bhakti-Yoga). Die Methode des Tantra ist Wissen, wenn es sich auch nicht immer durch den unterscheidenden Intellekt ausdrückt, sondern vielmehr durch das Herz, Liebe und Glauben.

Die Tantriker können in fünf Kategorien, gemäß der Vorliebe ihrer Verehrung, eingeteilt werden: in den Kult der Sonne, den von Vishnu, Ganesha, Shiva oder Shakti. Für die Eingeweihten sind dies jedoch nicht fünf verschiedene Gottheiten, sondern nur verschiedene Aspekte einer göttlichen Macht. Ein Shakta oder Tantriker ist alles andere als sektiererisch. Er bringt seine Verehrung in jedem Tempel oder unter freiem Himmel dar. Entsprechend dem *Sammohana-Tantra* bedeutet das: »Derjenige ist ein Narr, der irgendeinen Unterschied zwischen Rama (einem Avatar Vishnus) und Shiva sieht.«**

---

* Sir John Woodroffe: *Shakti and Shakta*, Madras 1975, S. 247
** Ibid., S. 17

Die Disziplin des Tantra-Yoga ist im Wesentlichen Synthese. Sie baut auf die universale Wahrheit auf, dass es zwei Seinspole gibt, deren wesenhafte Einheit das Geheimnis der Existenz darstellt: Brahman und Shakti, Geist und Natur. Natur ist Macht des Geistes oder vielmehr Geist als Macht. Die Tantra-Methode will die menschliche Natur zur manifestierten Macht des Geistes erheben. Dabei fasst sie die gesamte Natur zu einer spirituellen Umwandlung zusammen. In ihr System schließt sie den kraftvollen Prozess des Hatha-Yoga ein. Vor allem will die Tantra-Methode die Nervenzentren öffnen und die erweckte Shakti auf ihrem Weg zur Einung mit dem Brahman durch die Nervenzentren hindurchgehen lassen. Ferner übernimmt sie den subtilen Nachdruck des Raja-Yoga auf Läuterung, Meditation und Konzentration, die Hebelkraft des Willens, die Motivkraft der Hingabe und die Schlüsselenergie des Wissens.

Tantra begnügt sich jedoch nicht mit den verschiedenen Methoden des Yoga, sondern arbeitet mit den Haupttriebfedern des Menschen – Verlangen und Handeln – und unterwirft diese einer strengen Disziplin. Deren vorläufiges Ziel ist die Herrschaft der Seele über ihre Triebkräfte, ihr endgültiges Ziel ist es, sie auf ein göttliches Niveau zu erheben. Weiterhin wird Befreiung zum Ziel erklärt, die das Anliegen eines jeden Systems ist, jedoch auch eine Freude an der Macht des Geistes im Kosmos. In dieser Methode ist die Shakti von höchster Bedeutung, sie ist der Schlüssel, um zum Absoluten, zum Brahman, zu finden.

Die Praxis beginnt unten – die Weltenleiter – mit dem Öffnen der sechs Chakren (Lotusse), was auch das Erschließen der Machtbereiche des Geistes umfasst. Im Tantra ist Befreiung nicht das einzige Ziel. Tantra beinhaltet auch, dass die Freude an der geistigen Macht, am Licht und der menschlichen Existenz wahrgenommen und genossen wird. Es gewährt transzendentale Einsicht und Teilnahme an der höchsten Erfahrung, es ermöglicht die Befreiung, kosmisches Wirken und freudvolles Genießen in der Überwindung aller Gegensätze und Dissonanzen, die zur Einheit verschmolzen sind.

Shaktismus und Tantra breiteten sich vor allem in der Gupta-Ära (300-700 n. Chr.) in Indien aus, in der die indische Gesellschaft auf allen Gebieten eine völlig neue Struktur annahm und eine große Konsolidierung der spirituellen, sozialen und ethischen Werte erfuhr. Während dieser Zeit nahm der Buddhismus noch eine dominierende Stellung in Indien ein. In der Zeit zwischen 700 bis 1700 n. Chr. breitete sich der Shaktismus – vor allem in seiner tantrischen Prägung – bis über die Grenzen Indiens aus – nach Tibet, Nepal, China, Kambodscha und Indonesien (Bali und Java) – und verlieh dem Buddhismus, vor allem der Mahayana-Richtung, ein völlig neues Gesicht.

Auch einer der größten Philosophen Indiens, Adi Shankara (ca. 800 n. Chr.), der Begründer des Advaita*, erkannte nach einer auszehrenden Krankheit, deren Ursache nicht geklärt werden konnte und die ihn fast das Leben kostete, die Bedeutung der Göttlichen Mutter. Sie erschien ihm als kleines Mädchen im Wald, in den er sich – zum Sterben bereit – zurückgezogen hatte. Er erkannte in ihr die Göttliche Mutter, und ihm wurde bewusst, dass er in seinen philosophischen Ausführungen die Shakti nicht berücksichtigt hatte. Danach schrieb er zahlreiche Hymnen, z. B. sein berührendes

---

* Nondualität, Monismus: »Es gibt nur Brahman; die Welt, die Schöpfung ist Maya – Illusion!« Shankara geht von der alleinigen Realität des Transzendenten – vom Brahman – aus, alles andere bedeutete für ihn Maya, Illusion (Mayavada). Deshalb wird die von ihm geprägte Richtung auch als »Illusionistischer Advaita« bezeichnet. Im Gegensatz hierzu vertritt Sri Aurobindo die Richtung des »Realistischen Advaita«.

Bhavanyashtakam. Mit seiner Neuorientierung und Interpretation der vedischen Texte, die durch korrupte Brahmanenkasten zu Buddhas Zeiten missbraucht bzw. fehlinterpretiert worden waren, wollte er die vedischen Texte rehabilitieren. Er wollte ein Gegengewicht zum einflussreichen Buddhismus schaffen.

Im 19. Jh. verliehen vor allem Ramakrishna, Vivekananda und Sri Aurobindo der Verehrung der Magna Mater ein neues Gesicht.

Brahman und Shakti

Nach der Lehre des Tantra wird das Brahman in seinem manifestierten Zustand Shakti genannt. Der Ausdruck Shakti kommt von der Sanskritwurzel shak, »fähig sein zu«. Shakti ist die Macht des Brahman, durch die sich Brahman manifestiert, denn die Shakti und der Träger der Shakti – Shaktiman – sind identisch. Da Shakti Brahman ist, ist sie sowohl nirguna (attributlos) als auch saguna (mit Attributen ausgestattet). Ishvara ist Chit-Shakti*, also Chit (Bewusstsein) in Verbindung mit der handelnden Prakriti als der effizienten Ursache der Schöpfung; und Maya-Shakti, das heißt Maya als Shakti, die in ihrem schöpferischen Handeln als effiziente Ursache (Nimitta) und materielle Ursache (Upadana) des Universums wirkt. Dies ist die Shakti, die dann Avidya (Unwissen) hervorbringt, ebenso wie Mahamaya oder Ishvari die große Befreierin ist.

Da Brahman im Vedanta wie auch im Advaita eine herausragende Rolle spielt, möchte ich zuerst Ramakrishna zitieren, einen der größten Bhakti-Yogis der Göttlichen Mutter, der die Rolle der

* Chit-Shakti: die Göttliche Mutter, die Energie des transzendenten und universalen Selbst und des *Purusha*; die universale Schöpferin

Shakti im Verhältnis zu Brahman klar und einfach auf folgende Weise darstellte:

Deshalb sind Brahman und Shakti identisch. Wenn du das eine akzeptierst, musst du auch das andere akzeptieren. Es ist wie Feuer und dessen brennende Kraft. Wenn du ein Feuer siehst, musst du auch erkennen, dass es verbrennen kann. Du kannst nicht an Feuer denken ohne seine verbrennende Kraft, und du kannst auch nicht an die Kraft des Verbrennens denken ohne Feuer. Du kannst weder Sonnenstrahlen ohne Sonne empfinden, noch kannst du die Sonne empfinden ohne ihre Strahlen. […]

Genauso kann man nicht an Brahman denken ohne Shakti oder an Shakti ohne Brahman. Man kann weder an das Absolute denken ohne das Relative noch an das Relative ohne das Absolute.

*Die ursprüngliche Kraft ist immer im Spiel. Sie erschafft, erhält und zerstört im Spiel alles Existierende. Diese Kraft wird Kali genannt. Kali ist Brahman, und Brahman ist Kali. Es ist ein und dieselbe Realität. Wenn wir Es uns untätig vorstellen, also nicht mit der Schöpfung, Erhaltung oder Zerstörung beschäftigt, dann nennen wir Es Brahman. Wenn Es jedoch in diesen Tätigkeiten aktiv ist, dann nennen wir Es Kali oder Shakti. Die Realität ist ein und dieselbe, der Unterschied besteht nur im Namen und in der Form.**

Vivekananda, ein Schüler Ramakrishnas, sah das »Wiederauferstehen« der Göttlichen Mutter voraus:

[…] die Wiederauferstehung der Mutter in das Bewusstsein der Weltbevölkerung, nachdem die patriarchalischen Religionen sie in die Verborgenheit des Unterbewussten verbannt hatten. Eine Vision sehe ich

* Sri Ramakrishna, zitiert in: Ajit Mookerjee: *Kali – The Feminine Force*, London 1988, S. 88

*deutlich wie im Leben vor mir, dass die Mutter aus alter Zeit wiedererwacht ist, verjüngt auf ihrem Thron sitzt, herrlicher als je zuvor. Verkündige sie aller Welt mit der Stimme des Friedens und der Segnung.**

Obwohl das indische Leben, auch das spirituelle, patriarchalisch geprägt ist, sind in einigen Gebieten Beweise für die Vorherrschaft des Weiblich-Göttlichen auch jetzt noch zu finden: vor allem in Orissa und Bengalen, wo es teilweise noch lebendige matriarchale Strukturen und eine matriarchale Erbfolge gibt, und auch bei den »Backwater Tribals« in Kerala. Die Göttin (»Devi«) wird als Shakti, als Natur, als Lebenskraft, Kundalini, Mutter oder Jungfrau (Kumari), als Große Göttin oder als Höchste Realität verehrt.

In der *Devi Upanishad* erklärt die Höchste Göttin ihre wahre Natur, mit der sie alle Bereiche der Existenz durchdringt, wie folgt:

Große Göttin, wer bist Du?
Sie antwortet: Ich bin im Wesentlichen Brahman (das Absolute).
Aus mir entstand die Welt, bestehend aus Prakriti (materielle Substanz) und Purusha (kosmisches Bewusstsein), der Leere und der Fülle.
Ich bin (alle Formen von) Seligkeit und Un-Seligkeit.
Wissen und Unwissen bin ich selbst. [...]
Ich bin die fünf Elemente und auch das, was von ihnen verschieden ist.
Ich bin die gesamte Welt.
Ich bin sowohl der Veda als auch das, was von ihm verschieden ist.
Ich bin das Ungeborene wie auch das Geborene.
*Ich bin unten, oben und überall.***

---

* Swami Vivekananda, op. cit., S. 79
** *Devi Upanishad*, op. cit., S. 85

Sri Aurobindo erklärt die Bedeutung der Göttlichen Mutter auf folgende Weise:

Die Mutter ist die göttliche Bewusstseinskraft, die Herrin allen Seins. Sie ist eins und doch so vielseitig, dass es auch dem schnellsten Verstand und dem offensten und weitesten Intellekt unmöglich ist, ihren Bewegungen zu folgen. Die Mutter ist das Bewusstsein und die Kraft des Höchsten; sie steht hoch über allem, was sie erschafft. Etwas aber von ihrem Wesen können wir sehen und fühlen durch die Formen, in denen sie sich verkörpert – Formen, in denen es ihr gefällt, sich uns zu offenbaren. Diese Göttinnen sind umso greifbarer, je bestimmter ihr Charakter und je begrenzter ihr Wirken ist.

Wir können drei Seinsarten der Mutter wahrnehmen, wenn wir eins werden mit der Bewusstseinskraft, die uns und auch das Universum erhält:

- *die **transzendente**, die ursprüngliche, höchste göttliche Energie; sie steht über den Welten und verbindet die Schöpfung mit dem ewig verborgenen Mysterium des Höchsten;*
- *die **universale**, die kosmische, große göttliche Energie; sie erschafft alle diese Wesen, beherrscht die Kräfte und leitet all diese Millionen Prozesse ein, trägt sie und führt sie aus;*
- *die **individuelle**; sie verkörpert die Macht dieser beiden gewaltigeren Weisen ihres Daseins, macht sie uns lebendig, bringt sie uns nah und vermittelt zwischen der menschlichen Individualität und der göttlichen Natur.**

Im Anhang auf Seite 134 befindet sich eine kleine Sammlung von Versen aus dem Rig-Veda zur Verherrlichung der Großen Mutter in Form der Göttinnen Sarasvati und Vak.

---

* Sri Aurobindo: *The Mother*, S. 32–33

DIE FESTE DER GÖTTLICHEN MUTTER – NAVARATRI

Zur Verdeutlichung der heute noch praktizierten Verehrung der Göttlichen Mutter sei hier noch auf ein bedeutendes Fest eingegangen. Die Göttliche Mutter wird vor allem während der Navaratris verehrt. Dies sind vier Feste von jeweils neun Tagen (nava = neun), wobei die Frühlings- und vor allem die Herbst-Navaratri (auch Ashvin- oder Durga-Navaratri genannt) die bedeutendsten sind.

Chaitra-Navaratri (Vasantik)
Ashada-Navaratri (Gupta)
Ashvin-Navaratri (Sharadiya)
Magha-Navaratri (Sarasvati)

Hierbei werden die drei Hauptaspekte der Göttlichen Mutter verehrt:

Mahakali – drei Tage (Tamas)
Mahalakshmi – drei Tage (Rajas)
Mahasarasvati – drei Tage (Sattva)*

- Mahakali – repräsentiert Karma-Yoga, Vereinigung mit Gott durch Hingabe. Sie repräsentiert auch Kraft, einschließlich Willenskraft.

---

* Tamas (Trägheit, Dumpfheit, Unwissenheit; Farbe: Schwarz); Rajas (Aktivität, Energie zum Handeln; Farbe: Rot); Sattva (Licht, Reinheit, Wissen; Farbe: Weiß): die drei Gunas, d.h. die drei Wirkprinzipien der Prakriti in uns selbst und im Universum

- Mahalakshmi – repräsentiert Bhakti-Yoga, das heißt Vereinigung mit Gott durch Hingabe und Liebe. Sie repräsentiert auch materielle Fülle und Wohlstand.
- Mahasarasvati – repräsentiert Jnana-Yoga, das heißt Vereinigung mit Gott durch Weisheit und Wissen. Sie repräsentiert Selbstverwirklichung.

Ein Shaktipith ist ein heiliger Ort, der mit der Göttin verbunden ist. Wer die Rituale mit höchstem Glauben und inniger Hingabe ausführt, empfängt die göttliche Gnade der Mutter, die alle Schwierigkeiten aus dem Weg räumt und ihre Anhänger mit Segen überhäuft.

Die Herbst-Navaratri, auch Durga- oder Ashvin-Navaratri genannt, ist besonders der Göttin Durga gewidmet, der schönen Vernichterin der Dämonen. Ihr Name steht für verschiedene Aspekte ihrer Macht: »D« steht für Vernichter der Dämonen; »U« steht für Zerstörer von Hindernissen; »R« vernichtet alle Krankheiten: »G« ist der Sündenvernichter; »A« vernichtet Angst und Feinde. Dies erklärt die besondere Bedeutung der Durga-Verehrung während der Navaratris.

Nach den heiligen Schriften ist ein weiterer wichtiger Teil der Navaratri-Rituale und -Zeremonien die Ehrung und Verehrung des jungfräulichen kindlichen Mädchens, das als Symbol und Repräsentation der Göttlichen Mutter gilt.

Man glaubt, dass die richtige Ehrung eines solchen Mädchens Wohlstand bringt. Die Ehrung zweier Mädchen soll zu materiellem Gewinn und auch zu Befreiung führen. Die Ehrung von dreien bringt Rechtschaffenheit und religiöses Verständnis, materiellen Wohlstand und sinnliche Vergnügen. Ehrung von vieren bringt Berühmtheit, Ruhm und Glanz. Die Ehrung von fünf Mädchen gibt Wissen. Ehrung von sechs Mädchen verspricht Meisterschaft und Macht über das komplizierte Shatkarma-Ritual. Ehrung von sieben Mädchen bringt Herrschaft und lukrative Gewinne. Ehrung von acht Mädchen bringt Landbesitz und Wohlstand, und Ehrung von neun Mädchen bringt Herrschaft über die Erde.

Die Mutterverehrung in Form von Mädchen

Die Verehrung der göttlichen Mutter wird am letzten Tag der Navaratri in manchen Ashrams in Anwesenheit von kleinen Mädchen zelebriert. Sie werden mit besonderen Ritualen der Verehrung gewürdigt. Auf dem Land ist es in einigen Gebieten noch heute üblich, dass eine brahmanische Familie, vor allem eine Priesterfamilie, Mädchen in der Altersspanne von zwei bis neun Jahren für neun Tage und Nächte bei sich aufnimmt. Sie muss die Mädchen mit Ritualen verehren und ihnen Kleidung, Unterkunft und Essen bieten.

Verschiedene Aspekte der Göttlichen Mutter findet man wieder in der Darstellung eines kleinen Mädchens, entsprechend ihrem Alter:

Ein jungfräuliches Mädchen von zwei Jahren wird als Kumari bezeichnet;
ein Mädchen von drei Jahren wird Trimurti genannt;
ein Mädchen von vier Jahren ist bekannt als Kalyani;
ein Mädchen von fünf Jahren wird Rohini gerufen;
ein Mädchen von sechs Jahren wird Kali gerufen;
ein Mädchen von sieben Jahren wird Chandika genannt;
ein Mädchen von acht Jahren wird Shambhavi gerufen;
*das von neun Jahren wird als Subhadra bezeichnet.**

---

* Acharya Mayapati Shastri: *The Glorious Advent and Adornments of Goddess Durga*; Saoni, Distr. Almora, Erscheinungsjahr unbekannt

INHALT UND BEDEUTUNG VON SRI AUROBINDOS EPOS SAVITRI

Ein Epos aus dem Mahabharata

An den Anfang seines Epos stellt Sri Aurobindo die folgenden Zeilen, die gleichzeitig als Einleitung und als kurze Zusammenfassung dienen:

Die Geschichte von Satyavan und Savitri wird im Mahabharata erzählt in Form eines Gleichnisses von der ehelichen Liebe, die den Tod besiegt. Aber diese Legende ist eine der vielen symbolischen Mythen aus dem Umkreis der Veden, wie zahlreiche Züge der menschlichen Erzählung beweisen. Satyavan ist die Seele, die die göttliche Wahrheit des Seins in sich trägt, aber herabgestiegen ist in das Reich des Todes und der Unwissenheit. Savitri ist das göttliche Wort, die Tochter der Sonne, die Gottheit der höchsten Wahrheit, die herabkommt und geboren wurde für das Heil. Aswapati, der »Herr des Pferdes«, ihr menschlicher Vater, ist der Herr von Tapasya, jener konzentrierten Energie spiritueller Bestrebung, die uns hilft, uns von den Ebenen der Sterblichkeit zum Unsterblichen zu erheben. Dyumatsena, der Herr der Heerscharen, Vater von Satyavan, ist das göttliche Bewusstsein, das hier erblindet ist und somit sein himmlisches Reich der Herrlichkeit verliert. Doch das Ganze ist keine bloße Allegorie. Die Mitwirkenden sind nicht personifizierte Eigenschaften, sondern Inkarnationen oder Emanationen lebendiger und bewusster Kräfte, mit denen wir konkret in Berührung kommen können. Sie nehmen menschliche

*Gestalt an, um dem Menschen zu helfen und ihm den Weg von seiner sterblichen Verfassung zu einem göttlichen Bewusstsein und unsterblichen Leben zu zeigen.**

Der Rishi Vyasa schrieb diese Erzählung im Rahmen des *Mahabharata*. Savitri wurde zum Symbol für die mächtige, mutige und kämpferische Liebe einer Frau, die nicht einmal vor dem Tod zurückschreckt, ja ihn sogar herausfordert. Sie wurde zum Ideal in einer Gesellschaft, in der Frauen nicht zu Stärke, Beherztheit und Eigeninitiative ermutigt werden.

Sri Aurobindo war von dieser Geschichte so angetan, dass er sie als Rahmenhandlung für sein gewaltiges Epos nahm und bereits 1916 begann, an *Savitri* zu schreiben. Es gab immer wieder Änderungen, Neuentwürfe, bis er – kurz vor seinem Mahasamadhi 1950 – die letzten Änderungen vornahm. So ist das Epos Savitri gleichzeitig eine Aufzeichnung kosmischer Wahrheiten und gelebter Erfahrung: In diesem Kontext äußerte sich Sri Aurobindo in einem Interview Amal Kiran gegenüber:

*Nirgends in Savitri habe ich etwas um irgendeines bildhaften oder rhetorischen Effektes willen geschrieben. Überall in dem Gedicht versuche ich, etwas Gesehenes, Gefühltes oder Erfahrenes genau auszudrücken.***

Die Mutter erklärte, dass genau diese aufgezeichneten Erfahrungen – so unglaublich dies auch klingen mag – gleichermaßen auch ihre eigenen seien.

---

* Sri Aurobindo: *Savitri*, Sri Aurobindo Ashram Trust, Pondicherry, 1950, 1993
** *Hologramm*, 1987

Die Legende von Savitri und Satyavan

»Savitri ist ein Mantra zur Transformation der Welt.«
Die Mutter

Hier kurz die Geschichte: Der König Aswapati lebt mit seiner Königin ohne Nachkommen im Königreich Madra. Aswapati ist der »Herr des Tapasya«*. Er symbolisiert den Aufstieg des Bewusstseins in bisher ungeahnte spirituelle Höhen. Dies ist eines der beiden wesentlichen Elemente von Sri Aurobindos Yoga (»The Yoga of the King«). Das andere ist die Herabkunft der göttlichen Gnade, symbolisiert durch Savitri, die Inkarnation der Göttlichen Mutter. Savitri erscheint als Tochter des Königspaares und als Gnadengeschenk für Aswapatis Aspiration.

Wie kommt es nun zur Inkarnation der Göttlichen Mutter auf Erden?

Die Antwort auf Aswapatis Tapasya

Savitri, als Inkarnation der Mutter des Universums, wird dem Königspaar als Tochter geboren, als göttliches Gnadengeschenk für Aswapatis Aspiration. Durch sein Sadhana**, das elf Jahre währte, wollte er Nachkommen für sein Königshaus erbitten. Auf seiner yogischen »Reise« geht er durch alle Ebenen des Bewusstseins und die der verschiedenen Welten, was in seinem »Yoga des Königs«

---

* *Tapasya:* spirituelles Bemühen; geistige Disziplin durch Konzentration der Energien auf geistige Übung oder einen geistigen Vorgang, ein geistig-spirituelles Ziel
** *Sadhana:* spiritueller Übungsweg; Praxis, um Vollkommenheit zu erreichen

beschrieben wird. Erst als er nach langen Wegen auch durch allertiefste Höllengründe bis zur Ebene des Vijnana gelangt – der Ebene, die den Geist transzendiert, von Sri Aurobindo die »supramentale Ebene« genannt –, zeigt sich ihm die Mutter aller Gottheiten und aller Kräfte, die Mediatorin zwischen der Erde und dem Höchsten. Er überantwortet sich ihr sofort in tiefster Hingabe.

Noch während so der Wanderer am nackten Rand des Seins stand
und all die Leidenschaft und all das Suchen seiner Seele
ihre Auslöschung in ungestalteter Weite wahrnahmen,
kam ihm plötzlich die Gegenwart, die er so tief ersehnte, nahe.
Es kam durch dieses Schweigen einer letzten tiefen Ruhe
gerade aus der Mitte einer wundervollen Transzendenz
ein Leib voll Wunders und von leuchtender Durchsichtigkeit,
als wäre eine lieblich-mystische Summierung ihres Selbsts,
die sich zurückgezogen hatte in die ursprüngliche Seligkeit,
nun aus der Ewigkeit vergrößert wieder hergekommen
erschienen als ein Wesen, absolut und unermeßlich.
Sie war erfüllt von Weisheit, Macht und Freude
und nahm, wie eine Mutter ihr Kind in die Arme nimmt,
die Welt, die Seele, die Natur an ihre Brust, [...]
S. 322 (312)

Ihre Gegenwart lässt ihn das Wirken von Prakriti, der alles umarmenden Natur-Seele, begreifen. Sie drückt ihre Kinder an sich und wandelt alle Falschheit, Selbstzweifel, Unwissenheit, Frustration und Depression um. Sri Aurobindo vereinigt in dem Canto »The Adoration of the Divine Mother« auf meisterhafte Art Tantra und Vedanta. Prema Nandakumar legt in ihrem Beitrag

»Savitri: The Devikavyam«* nahe, diesen Canto als »Handbuch des Integralen Yoga« zu bezeichnen. Sie fährt fort: »Es kann nicht nur eine Episode im großen *Savitri*-Epos gewesen sein, wenn Aswapati mit der Göttlichen Mutter konfrontiert wird. Diese Gegenwärtigkeit in *Savitri* ist keine Erfindung. Es ist eine erfahrene Wirklichkeit für Sri Aurobindo, es ist wirklich ein Guss von überirdischer Dichtung, sie offenbart die Essenz des Tantra, den Yoga, der den Aspiranten mit dem Allerhöchsten vereinigt. Sowohl die edlen Akzente der Sanskrit-Hymnologie können hier gehört werden wie auch das *Lalita-Tripurasundari*.«**

So steht sie zu den Häuptern von Geburt, von Mühen und von Schicksal.
Auf ihr Gebot rollen die Zyklen langsam ihre Runde.
Nur ihre Hände können das Gesetz der Drachenbasis der Zeit wandeln.
Sie kennt auch das Mysterium, das die Nacht verbirgt.
Des Geistes Alchemisten-Energie steht ihr zu Diensten.
Sie ist die goldene Brücke und das wundervolle Feuer.
Das lichte Herz des Unbekannten ist sie auch
und eine Macht des Schweigens in den Tiefen Gottes.
Sie ist die Kraft, das Wort, das unverbrüchlich ist,
und der Magnet für unsern mühevollen Aufstieg,
die Sonne, aus der wir all unsre Sonnen zünden,
das Licht, das sich herniederneigt aus jenen unrealisierten Weiten,
die Freude, die aus dem Unmöglichen uns zuwinkt,
die Macht von allem, das noch nie herniederkam.

---

* Prema Nandakumar: »Savitri: The Devikavyam« in: *Perspectives of Savitri*, Bd. 2 (Hrsg.: R. Y. Deshpande), Pondicherry 2002, S. 181–214
** Ibid, S. 193

Zu ihr allein ruft flehend die Natur, damit sie mit
dem Kommen ihrer Füße des Lebens wehen Herzschlag heilt,
daß sie die Siegel auf des Menschen düstrer Seele bricht
und im verschlossenen Herzen der Dinge hell ihr Feuer zündet.
Eines Tages wird alles hier zur Heimstatt ihrer süßen Gegenwart,
und alle Gegensätzlichkeiten werden ihre Harmonie verbreiten.
Zu ihr klimmt unsere Erkenntnis, sehnt sich unsre Leidenschaft.
In ihrem wunderreichen Entzücken werden wir wohnen,
ihre Umarmung wird unsern Schmerz in Ekstase verwandeln.
Durch sie wird unser Selbst mit aller Wesen Selbst geeint sein.
In ihr gesichert, weil in ihr gewandelt,
soll unser Leben in seiner erfüllten Antwort
oben die grenzenlosen und geheimnisvollen Seligkeiten finden,
hier unten das Wunder der göttlichen Umarmung.
S. 324 f. (314 f.)

Als Aswapati die Göttliche Mutter gesehen hatte, war sein ganzes Sein mit ihrer Glückseligkeit (*Ananda*) erfüllt. Sein Herz verlangte nur noch nach ihr. Vergessen war sein Wunsch nach einem Thronfolger, er wollte keine individuelle Befreiung, sondern wurde zum Repräsentanten der gesamten Menschenfamilie, um deren Befreiung von Unwissenheit und Leid er die Göttliche Mutter bitten wollte. Dies ist gleichzeitig das Ziel des Integralen Yoga. Es geht nicht um individuelle Befreiung, um Flucht ins Nirvana, Erlösung aus dem irdischen Dasein, sondern um kollektive Befreiung der Menschheit aus den Fängen von Unwissenheit und Tod. So bittet Aswapati die Mutter:

»Wie hart ist das Verhängnis, an das du deine Söhne fesselst,
wie lange sollen unsere Geister kämpfen mit der Nacht,

wie lange sollen wir die Niederlage dulden und des Tods brutales Joch,
wir, die wir die Gefäße einer todesfreien Kraft sind
und die Erbauer jener Göttlichkeit der Menschenrasse?«
S. 351 (341)

Aswapati fleht sie an:

»[...] sende doch eine lebende Gestalt von dir zur Erde!
Erfülle einen einzigen Moment mit deiner Ewigkeit,
laß deine Unermeßlichkeit doch wenigstens in einem Körper leben,
All-Wissen hier ein einziges Mental in Licht-Meeren umhüllen,
All-Liebe wenigstens in einem Menschenherzen pochen! [...]
und wandle so mit einer einzigen Geste alle künftige Zeit! [...]
und öffne mit einem einzigen großen Akt des Schicksals Tore!«
S. 355 (345)

Die Göttliche Mutter antwortet:

»O starker Vorläufer, ich habe deinen Ruf vernommen.
Es soll ein Mensch herniederkommen und das eiserne Gesetz zerbrechen
und das Verhängnis der Natur allein mit seines Geistes Macht verwandeln.
[...] ein liebliches und doch gewaltig starkes, glühend stilles Herz,
das von der Götter Leidenschaft bewegt ist, soll herniederkommen. [...]
Stärke soll mit ihr sein wie bei dem Schwert des Siegers, [...]
Natur soll die Stufe ihrer Sterblichkeit überspringen,
durch unveränderlichen Willen soll das Schicksal umgewandelt werden.«
S. 356 (346)

Die Göttliche Mutter selbst kommt zur Erde und wird als Savitri, Prinzessin von Madra, geboren. Es ist Savitris Mission, diese sterbliche

Erde in ein Paradies der Unsterblichkeit zu verwandeln. Dies ist ein schwieriges Unterfangen, da sich das irdische Bewusstsein in den Fängen des Unbewussten befindet. Es weist die göttliche Gnade oft in sprödester Form zurück, will sie nicht und kann sie nicht erkennen und hält alles für die eigene Schöpfung.

Das höchste Bewusstsein hat sich auf Erden als höchstes Unbewusstes manifestiert. Das Höchste hat sich selbst verloren, hat sich in kleine Einzelteile zerstäubt, aus dem Einen Viele gemacht. Unsterblichkeit ist in der Maske des Todes verborgen. Das Höchste Bewusstsein muss die Unsterblichkeit aus den Fängen des Todes befreien, das irdische Bewusstsein emporheben und es zu seiner ursprünglichen Essenz eines göttlichen Bewusstseins zurückführen. Dies wird in den folgenden Kapiteln noch näher beleuchtet.

Wie eine Priesterin bei mystischem, von Kraft erfülltem Tanz
in ihren göttlich-lauteren Ekstasen ermutigt und gelenkt
wird aus offenbarem Himmel der Wahrheit,
bewegte sie in einer Prophezeiungsgrotte ihrer Götter
ein Herz des Schweigens in den Händen tiefer Freude,
in dem ein reicher schöpferischer Pulsschlag wohnte,
in einem Körper gleich dem Gleichnis eines frühen Morgens,
wie eine Nische für verhüllte Göttlichkeit
oder als goldnes Tempeltor zu jenseitigen Dingen. [...]
Weiter als das Universum war die Liebe in ihr,
in ihrem Herzen konnte die ganze Welt Zuflucht finden.
Die unbefriedigte erhabene Gottheit konnte darin wohnen.
Frei von der eingesperrten Luft des zwergenhaften Ichs
vermochte ihre Stimmung deren feinern Atem zu beherbergen,
den geistigen, der alle Dinge göttlich machen kann.

Denn selbst ihre Abgründe waren Heimlichkeiten von Licht,
sie war zugleich die Stille und das Wort,
Gefäß für jenen Frieden, der sich selbst verströmt,
ein Meer von jungfräulichem Feuer, das nie flackert;
die Stärke und das Schweigen jener Götter war ihr eigen.
Er fand in ihr die ungeheure Weite wie bei sich selbst.
Und seinen hohen, warmen, feinen Äther fand er wieder,
bewegte sich in ihr natürlich wie im eignen Heim.
Er traf in ihr zusammen mit der eignen Ewigkeit.
S. 25 f. (15 f.)

So muss auch Savitri ihre menschliche Seite neben der zunächst einmal verborgenen göttlichen Seite leben, sich ins Reich des Unbewussten begeben und dessen Leid erfahren.

Alle suchen Savitris leuchtend liebende Gegenwart auf, sie ist die Bezauberung und das Licht, das ins Bewusstsein aller dringt. Außer Aswapati weiß niemand etwas von ihrer göttlichen Herkunft. Als Savitri zu einer unirdischen Schönheit heranwächst, hat Aswapati die folgende Intuition:

»Eine machtvolle Gegenwart verteidigt noch deinen äußeren Rahmen.
Vielleicht bewahren dich die Himmel für irgendeine große Seele,
dein Schicksal und dein Wirken werden irgendwo ferne behütet,
Dein Geist kam nicht herab als einsames Gestirn.«
S. 388 (374)

Als Savitri im heiratsfähigen Alter ist, schickt Aswapati sie in die Ferne, damit sie sich ihren Mann erwähle. Keiner der Prinzen wagt es, um sie zu werben – wegen ihres Lichtes, ihrer unirdischen Schönheit und ihrer »flammenden Stärke«. Nachdem Savitri durch die Lande gereist ist, findet sie ihre Dualseele, nämlich Satyavan, in einer Einsiedelei im Wald. Beide wissen in diesem großen Augenblick, dass sie füreinander bestimmt sind. Satyavan erklärt Savitri, dass er der Sohn eines erblindeten Königs im Exil sei. Die Einsiedelei sei ihr einziges Refugium. Dyumatsena symbolisiert die Unwissenheit und Blindheit des irdischen Bewusstseins. Dyumatsenas Exil ist die Trennung des Menschen von seiner göttlichen Heimat.

Savitri kehrt frohen Herzens zurück an ihren Hof. Dort erfährt sie allerdings vom göttlichen Seher Narad, dass Satyavan in genau zwölf Monaten sterben werde.

DAS PROBLEM DES LEIDENS – WIE ENTSTAND LEIDEN?

Um den Hintergrund der Ursache des Leidens auf der Erde besser verstehen zu können, werfen wir einen kurzen Blick auf Sri Aurobindos Version der Genese dieser Schöpfung, wie sie in *Savitri*, Buch II, Canto I, in Aswapatis Reise durch die verschiedenen Welten beschrieben wird (»Der Yoga des Königs«).

Wie entstand die Schöpfung?

Mangesh Nadkarni, ein exzellenter Interpret von *Savitri*, dessen *Study Groups* und Vorträge sich bis zu seinem Tod 2007 großer Beliebtheit erfreuten, bemerkt hierzu, dass Sri Aurobindos Version die gleiche ist wie die der vedischen Rishis. Gemäß Nadkarni besagt nämlich das *Purusha-Sukta* (*Rig-Veda*, 10. Liederkreis, Kapitel 90), dass das Göttliche einen Sprung in das Unbewusste machte. Aus dem Unbewussten entwickelte sich dann die Welt. Sri Aurobindo bezeichnet dies als das »Opfer des Göttlichen als Welten-Mutter«.

Ein Holocaust jenes Erhabenen ist unser Leben.
Die große Welten-Mutter hat durch dies ihr Opfer
die eigne Seele zu dem Körper unseres Zustandes gemacht.
Sie hat die Sorge und die Unbewußtheit angenommen,
damit der Sturz der Göttlichkeit aus ihren eigenen Herrlichkeiten
den vielfältig gemusterten Grund alles dessen weben konnte, was wir sind.

Unsere Sterblichkeit ist ein Idol des Selbsts.
Unsere Erde ist nur ein Fragment, ein Bodensatz.
S. 109 (99)

Sri Aurobindo betont, dass das Göttliche nicht einen überstürzten Sprung vom Überbewusstsein zum Unbewussten unternahm, sondern Schritt für Schritt mit sieben Stufen die »Weltentreppe« schuf. Dies ist ebenso ein vedisches Konzept. Die höchste Stufe wird Sat – Wahrheit, oder Sein, genannt; Anna – wörtlich: Nahrung, oder im übertragenen Sinne: Materie – ist die niedrigste Stufe der Leiter. Zwischen Anna und Sat gibt es fünf Stufen. Diese sind in der Folge von oben nach unten: Chit-Tapas (Bewusstseinskraft); Ananda (Seligkeit); Vijnana, was Sri Aurobindo Supermind nennt, gefolgt von Manas (Geist), Prana (Leben). Während dieses Sturzes beraubte das Göttliche sich all seiner charakteristischen Eigenschaften: Sat – Chit – Ananda (Sein – Bewusstsein – Seligkeit).

Die Natur des Göttlichen ist Unsterblichkeit, absolutes Wissen und Seligkeit (Ananda). Durch den Sprung ins Unbewusste gingen all diese Qualitäten verloren, und in der Manifestation offenbarte sich das genaue Gegenteil der oben genannten göttlichen Qualitäten. Das Göttliche akzeptierte, von Tod, Unfähigkeit, Unwissenheit, Leid und Schmerz dominiert zu werden. Dies ist das »Opfer des Göttlichen«, durch welches die Schöpfung geboren wurde. Dieser Schöpfungsakt kann auch als Involution, gefolgt von einer Evolution, betrachtet werden.

Die Evolution mit der nach oben führenden »Weltenleiter« beginnt mit dem Unbewussten. Wenn das Unbewusste ebenso eine Formation des Göttlichen ist, so ist der Drang, sich nach oben zu entwickeln und zu wachsen, sehr groß und kann nicht für lange Zeit unterdrückt werden. Nadkarni betont, dass dies auch einer der Gründe sei, warum die Unterdrückung spirituellen Strebens in der Geschichte nie über längere Zeitepochen aufrechterhalten werden konnte. Danach sei das Aufwärtsstreben (Aspiration) jedes Mal doppelt so groß. Es sei nicht nur unsere eigene Aspiration nach dem Göttlichen, sondern die Erde selbst verlange nach dem Göttlichen. Sie will sich durch jeden von uns zu ihm hin entwickeln. Wir alle seien Teile dieses »kosmischen Yoga«. Da wir Kanäle für diesen kosmischen Yoga seien, sei das Streben nach dem Göttlichen in uns enthalten und könne nie lange unterdrückt werden. So wie die Involution Schritt für Schritt erfolgte, so auch die Evolution. Sie verläuft in Form der Sieben-Stufen-Leiter von Anna (Materie, Körper) über Prana (Leben) zu Manas (Geist) zu Vijnana (Supermind), dann Ananda (Seligkeit), Chit-Tapas (Bewusstsein) und Sat (Sein, Wahrheit).*

So weit zum Hintergrund der Frage, auf welchem Boden Leid entsteht. Dies sind die »Teilnahmebedingungen« einer irdischen Inkarnation, und dies gilt auch für die reinsten göttlichen Inkarnationen.

Kehren wir nun zurück zu dem Moment, als Savitri nach ihrer Exkursion zurückkommt und berichtet, ihren Seelengefährten Satyavan gefunden zu haben. Narad, der göttliche Seher, von den höchsten Bereichen herabgestiegen, tut kund, dass Satyavan fürwahr eine sehr große und reine Seele sei, dass er aber dennoch in genau zwölf Monaten sterben müsse. Dies sei ein kosmisches Gesetz.

Savitris Mutter, die Königin, ist entsetzt und fordert ihre Tochter

---

* Vgl.: Vortrag von Dr. M. V. Nadkarni, März 2005: »The Kingdom of Subtle Matter, the Glory and the Fall of Life, Cantos 2 and 3 of Book Two of Savitri«, in: *Invocation »Savitri Bhavan«, Study Notes* no. 27.

auf, eine neue Wahl zu treffen, doch Savitri lehnt ab. Sie entgegnet, sie habe ihre Wahl bereits getroffen.

»Mein Herz hat nur ein einzig Mal gewählt, es wählt nicht wieder.
Das Wort, das ich gesprochen habe, kann nie ausgestrichen werden,
es ist in Gottes Urkunde geschrieben. [...]
Mein Herz hat das Gelöbnis seiner Treue zu Satyavan besiegelt:
Selbst feindliches Geschick kann seine Unterschrift nicht löschen.
Dies Siegel bricht nicht Schicksal, nicht der Tod und nicht die Zeit. [...]
Laß doch das Schicksal mit mir machen, was es will und kann.
Ich bin doch stärker als der Tod und größer als mein Schicksal;
denn meine Liebe soll die Welt einst überdauern, Verhängnis
fällt von mir ab, ohnmächtig gegen meine eigene Unsterblichkeit.«
S. 446 (432)

»Soll es nur für ein Jahr sein, ist dies Jahr mein ganzes Leben,
und dennoch weiß ich, daß dies nicht mein ganzes Schicksal ist,
daß ich nur eine Weile leben soll und lieben, um alsdann zu sterben.
Jetzt weiß ich ja, warum mein Geist auf diese Erde kam,
und wer ich bin und wer er ist, den ich so liebe.
Ich habe ihn von meinem unsterblichen Selbst betrachtet,
da habe ich mir Gott zulächeln sehen in Satyavan.
Da habe ich den Ewigen in einem menschlichen Gesicht geschaut.«
S. 449 f. (435 f.)

Alle um Savitri Versammelten verharren in Schweigen. Die Königin, besorgt um das Wohl ihrer Tochter, wendet sich an Narad um Hilfe. Was nur hat ihre Tochter getan, dass sie ein so schweres Schicksal erfahren muss? Wer hat nur diese Welt erschaffen, wo Kummer und

Schmerz alles verdunkeln? Oder ist eine andere Kraft am Werk, und Gott ist außerstande, sie zu bändigen? Wie nur kann Gott so herzlos und gleichgültig angesichts von all dem Schmerz, Leid und Übel in dieser Welt sein?

Narad antwortet ihr geduldig und erläutert ihr das wahre Wesen von Leid und Schmerz. Da der Mensch in Unwissenheit gefangen sei, habe er sich von Gott und seinem eigenen inneren Licht abgewendet, ihm den Rücken gekehrt. Aus dieser Unwissenheit müsse er erweckt werden. Schmerz und Leid, aus dem Unbewussten geboren, haben genau diese Funktion, den zähen Widerstand im Herzen des Menschen zu brechen. In seinen eigenen Worten:

»Schmerz ist der Götter Hammer, um damit
den toten Widerstand im Herzen des Sterblichen zu brechen
und seine träge Langsamkeit, als wär er ein lebendiges Gestein.
Denn wäre sein Herz nicht gezwungen, Mangel zu erleiden und zu weinen,
dann hätte seine Seele sich zufrieden und gemächlich hingelegt
und nie daran gedacht, hinauszukommen über jenen menschlichen Beginn,
und nie gelernt, sich zur Sonne emporzuschwingen.«
S. 457 (443 f.)

»Leiden ist die Hand der Natur, die so das Bild des Menschen
zu seiner Größe meißelt.«
S. 458 (444 f.)

Nachdem Narad auf Savitris irdische Aufgabe hingewiesen hat, sagt er:

»Wer nur sich selber retten will, lebt still und einsam,
doch wer die Menschheit retten möchte, muß auch ihre Schmerzen teilen.

Dies soll ein jeder wissen, der dem grandiosen Drang dazu gehorcht.
Die Großen, die erschienen, um die leidensvolle Welt zu retten,
sie zu befreien aus dem Schatten des Gesetzes und der Zeit,
müssen sich beugen unter das Joch von Leid und Schmerz.
Sie werden mitgerissen von dem Rad, das zu zerbrechen sie erhofften.
Auf ihren Schultern müssen sie des Menschen Schicksalslasten tragen.
Des Himmels Schätze bringen sie, mit ihrem Leiden bezahlen sie den Preis.«
S. 458 f. (444 f.)

Dass wir selbst durch unser Beharren auf der Trennung von unserem göttlichen Selbst, durch unser Anhaften an der Unbewusstheit unseren Schmerz verursachen, wird hier noch mal besonders deutlich. Auch Avatare (göttliche Inkarnationen) müssen in ihrer irdischen Inkarnation Leid und Schmerz erfahren, denn wie sollten sie etwas heilen, von dem sie nicht wissen, wie es sich anfühlt?

»Hart ist des Welt-Erlösers schwere Aufgabe.
Die Welt wird selbst zu seinem Gegner.
Die er erlösen will, sind seine Widersacher:
Verliebt ist diese Welt in ihre eigene Unwissenheit,
ihre Finsternis wendet sich ab von dem Erlöserlicht.
Sie gibt das Kreuz in Zahlung für die Krone.«
S. 462 (448)

Die Schwierigkeit, mit der Savitri auf Erden konfrontiert ist, wird hier deutlich. Sie, die die Menschheit aus dem Tiefschlaf des Unbewusstseins erwecken will, muss selbst einen hohen Preis bezahlen, denn nicht nur muss Satyavan sterben, auch ihre eigene Aufgabe, das Erdenbewusstsein zu transformieren, ist schwierig, denn:

Ein Flüstern lockt des Menschen Herz zum Bösen,
es schließt der Weisheit Augen und der Seele Schauen,
es ist der Ursprung unseres Leidens hier,
es bindet diese Erde an das Elend und den Schmerz.
Dies alles muss besiegen, wer den Frieden Gottes niederbringen will.
Der Mensch muss diesen Feind, der in der Brust verborgen haust,
erst überwinden, oder er verfehlt sein höheres Schicksal.
Dies ist der Krieg im Innern, welcher unentrinnbar ist.
S. 462 (448)

In der *Bhagavad-Gita** wird dieser Kampf sehr anschaulich anhand der Schlacht von Kurukshetra dargestellt – der ständige Kampf im Inneren und im Äußeren, dem wir uns als heilige Krieger und Kriegerinnen immer wieder stellen müssen, um unseren Dharma zu erfüllen. Narad ermahnt die verzweifelte Königin eindringlich:

»Wonne ist der geheime Stoff von allem, was da lebt,
selbst Leid und Kummer sind nur die Umhüllung einer Welten-Freude,
die hinter deinem Schmerz und deinem Weinen sich verbirgt.
Weil deine Stärke nur ein Teil von Gott und nicht sein Ganzes ist,
weil du noch süchtig bist von deinem kleinen Ich,
vergißt hier dein Bewußtsein, dass es göttlich ist [...]«
S. 468 (453)

Könnte des Menschen Wille mit dem Willen Gottes eins gemacht werden,
könnte des Menschen Denken Echo sein für die Gedanken Gottes,
der Mensch könnte allwissend und allmächtig sein.
S. 471 (457)

---

* Die *Bhagavad-Gita*, der »Gesang des Erhabenen«, ist die »Bibel« der InderInnen.

O Mensch, all die Ereignisse, die dich auf deinem Wege treffen,
wenn sie auch deinen Körper, deine Seele mit Gram und Freude schlagen,
sind nicht dein Schicksal; sie berühren dich nur kurz und gehen vorüber.
Und selbst der Tod kann deines Geistes Wege nicht verkürzen.
Dein Ziel, der Weg, den du wählst, die sind dein Schicksal.
S. 472 (458)

Narad weist darauf hin, dass Savitris Stärke sehr wohl in der Lage ist, die schwierigsten Aufgaben zu bestehen:

So wie ein Stern am Himmel, unbegleitet, sich bewegt
und nicht erschreckt wird durch des Raumes Unermeßlichkeiten
und durch Unendlichkeiten wandelt in dem eignen Licht,
so sind die Großen dann am stärksten, wenn sie einsam stehen.
Denn ihre Kraft ist die von Gott gegebene Macht des Seins,
ein Strahl des Lichts aus jener Einsamkeit des Selbsts der Lenker.
Nur jene Seele, die mit sich allein leben kann, die begegnet Gott;
ihr abgeschiednes Universum ist der beiden Stell-dich-ein.
S. 474 f. (460)

Die drei Seelenkräfte

Savitri kehrt mit ihrem Hofstaat zu Satyavan in die Einsiedelei zurück. Dort verabschiedet sie ihre königlichen Gespielinnen und lässt auch ihr glanzvolles Leben hinter sich. Mit Satyavan vereint, lebt sie Tag für Tag in einer Ekstase der Liebe, jedoch durchlebt sie ebenso den Schmerz des nahenden Todes ihres Geliebten im Stillen für sich. Die Beschreibung dieser Liebesgeschichte gehört zu den poetischen Meisterwerken der Weltliteratur.

Nachts, wenn Satyavan schläft, wird Savitri von tiefer Verzweiflung geschüttelt. In ihrem Schmerz fühlt sie den Schmerz aller Kreaturen dieser Erde. Als sie ihren aussichtslos erscheinenden Kampf gegen ein ehern scheinendes Schicksal beklagt, ringen ihre Mensch gewordene und ihre göttliche Seite miteinander.

Die Frage erhebt sich hier für uns alle: Ist es möglich, mit unserem Herz, unserem Intellekt und Verstand ein unausweichlich erscheinendes Schicksal zu überwinden? Hierzu, so zeigt Savitri, werden andere, höhere Kräfte gebraucht, die dem Schicksal und Tod Einhalt gebieten können. Savitri wurde als »Antwort auf die Sehnsucht der Erde«, Unwissenheit und Tod zu überwinden, geboren. Deshalb musste sie, wie bereits Narad, der Seher, es verkündet hatte, dem Schmerz in seiner akutesten Form entgegentreten, nämlich dem vom Schicksal bestimmten Tod Satyavans. Mangesh Nadkarni erklärt hierzu:

*Savitri ist in gewissem Sinne die Erzählung der inneren Leben von zwei Vorläufern des Supramentalen Zeitalters, nämlich von Sri Aurobindo und der Mutter. Weiterhin berührt Savitri auch das Leben eines jeden von uns, da Sri Aurobindo mit der Legende von Satyavan und Savitri auch ihre innere Bedeutung für unser Leben symbolisiert hat. Satyavan ist die Sehnsucht in uns nach Gott, Licht, Freiheit, Unsterblichkeit, während unser Leben in den Fesseln von Schicksal, Unwissenheit und Tod liegt. Savitri ist die göttliche Gnade in unserem Leben, die diesen Satyavan auferstehen lässt und es ihm möglich macht, seine glorreiche Bestimmung hier auf Erden zu erfüllen. Somit ist Sri Aurobindos Epos auch eine Saga unseres eigenen Lebens.**

Während Savitri über ihr Schicksal nachsinnt, hört sie eine innere Stimme, einen Befehl, der sie dazu auffordert aufzubrechen, um den Tod zu besiegen.

> *»Warum kamst du auf diese stumme totgebundene Erde,*
> *in dieses einfältige Leben unter gleichgültigen Himmeln,*
> *gefesselt wie ein Opfertier an den Altar der Zeit?*
> *O Geist, o unsterbliche Energie,*
> *war es nur dazu, in der hilflosen Brust das Leid zu nähren*
> *oder mit harten tränenlosen Augen dein Verhängnis zu erwarten?*
> *Steh auf, o Seele, und besiege Zeit und Tod!«*
> S. 488 (474)

> *»Ich bin ein Teil von dir und hier mit deinem Werk beauftragt,*
> *da du mein Selbst bist, das für immer seinen Sitz dort oben hat.*

---

* M. Nadkarni: *Savitri – An Introduction (Four Talks)*, Sri Aurobindo Society, Pondicherry, 1990, S. 40

Sprich du zu meinen Tiefen, o du große und todlose Stimme,
befiehl, denn ich bin hier, um deinen Willen zu erfüllen.«
Die Stimme gab zur Antwort: »So erinnere dich, warum du kamst.
Spür deine Seele auf, gewinne wieder dein verborgenes Selbst.
Im Schweigen suche Gottes Absicht in den eigenen Tiefen und
verwandle dann die sterbliche Natur zur göttlichen. [...]
Besiege deines Herzens Klopfen, laß dein Herz nur in Gott schlagen,
Deine Natur soll Werkzeug seiner Werke sein
und deine Stimme Heim für die Macht seines Wortes.
Dann wirst du meine Kraft beherbergen, den Tod besiegen.«
S. 490 (476)

Savitri weiß, dass sie sich auf die große nahende Stunde vorbereiten muss, und geht nach innen, um ihre Seele zu suchen. Dies wird als Savitris Yoga beschrieben und umfasst alle sieben Cantos von Buch VII. In der ursprünglichen *Mahabharata*-Erzählung unternimmt Savitri ein Triratra- Gelöbnis, eine Buße von drei Tagen und Nächten, um sich innerlich zu reinigen und die Kraft der Keuschheit zu erlangen.

In Sri Aurobindos Version weitet sich Savitris Yoga – wie auch Aswapatis Yoga – so aus, dass er eine Erforschung der inneren Reiche wird. Savitri nimmt jedoch einen anderen Weg als ihr Vater. Ihre Reise führt sie durch die Bereiche der Lebenskraft und des Mentalen. Dann gelangt sie zu einer Ebene, wo sie die drei Madonnen antrifft. Dies sind drei Energien und Kräfte des Göttlichen, die schon im menschlichen Leben aktiv sind. Zuerst ist es die Madonna des Mitgefühls und der Liebe, dann kommt die Madonna der Macht und der Kraft und schließlich die Madonna des Lichts und der Weisheit. Anhand dieser Begegnungen mit den drei Madonnen wird deutlich, dass diese Kräfte allein nicht ausreichen, um den Menschen aus seinen Tierfesseln zu befreien und in ein göttliches Wesen zu transformieren. Hierzu bedarf es noch höherer Kräfte, wie der des Supramentalen Bewusstseins. Dieses wird Savitri – wie sie dies einer jeden der drei Madonnen verspricht – herunterbringen.

Gleichzeitig hat jede dieser Kräfte eine asurische Deformation, das Ego, das sich vehement gegen jeglichen Bewusstseinsfortschritt wehrt und ihn lächerlich macht. Wir kennen dies nur allzu gut aus unserer eigenen Erfahrung. Als Erstes begegnet ihr die »Madonna des Schmerzes«:

»O Savitri, ich bin deine dir selbst verborgene Seele.
Um teilzuhaben an dem Leiden dieser Welt, bin ich gekommen.
Ich ziehe meiner Kinder bittre Schmerzen ein in meine Brust.
Ich bin die Pflegerin des Schmerzes unter den Gestirnen.
Ich bin auch die Seele all derer, die sich klagend krümmen
unter der unbarmherzigen großen Not der Götter.
Ich bin ein Weib, bin Pflegerin und Sklavin und das geschundene Tier,
Und ich verbinde noch die Hände, die mich grausam schlugen.«
S. 517 f. (503 f.)

Savitri antwortet ihr:

»Madonna, Schmerzensreiche, Mutter göttlich tiefen Kummers,
du bist ein Teil von meiner Seele ausgesandt,
um das unsagbar schwere Leid der Welt zu tragen.
Nur weil du bist, ergeben sich die Menschen nicht in ihr Verhängnis,
verlangen sie vielmehr nach Glück und ringen mit dem Schicksal.
Nur weil du bist, kann auch der Elende noch hoffen.

Doch du hast nur die Kraft zu trösten, nicht zu retten.
Ich werde eines Tages wiederkommen und dir Stärke bringen
und dir zu trinken geben aus des Ewigen Pokal.«
S. 521 (507)

Als Savitri ihre Innenschau vertieft, begegnet sie der »Madonna der Macht«:

»Savitri, ich bin deine geheime Seele.
Herabgekommen bin ich in die Welt der Menschen
und habe mit schlaflosem Auge die Bewegung überwacht
und all die dunklen Gegensätzlichkeiten im Schicksal dieser Erde
und auch den Kampf der hellen und der düstren Mächte. [...]
Ich helfe denen, die im Unglück sind, und rette die Verlorenen.
Den Starken bringe ich den Lohn für ihre Stärke,
den Schwachen bringe ich die Rüstung meiner Kraft,
den Sehnsüchtigen schenke ich die hochbegehrte Freude. [...]
Mein Ohr ist hingeneigt zum Schrei der Unterdrückten,
ich stürze der tyrannischen Könige Throne.
Von den Geächteten, Gejagten, dringt zu mir ein Ruf,
der mich um Hilfe bittet gegen eine mitleidlose Welt,
die Stimme der Vergessenen, Verzweifelten,
des einsamen Gefangenen in seiner Kerkerzelle. [...]
Denn ich bin Durga, Göttin der Stolzen und Starken,
und Lakshmi, Königin der Strahlenden, Erfolgreichen.
Ich trage Kalis Antlitz, wenn ich töte,
und ich zertrampele die Leichen der Dämonen-Horden.
Ich bin von Gott beauftragt, sein mächtiges Werk zu tun.«
S. 523 (509)

Savitri entgegnet ihr, nachdem sie den Widerhall des asurischen Pendants vernommen hat:

»Allmächtige Madonna, Mutter des Wirkens und der Kraft,
du bist ein Teil von meiner Seele, der entsandt wurde
zur Hilfe für die Menschheit und zur Hilfe in der Arbeit dieser Zeit.
Weil du in ihm bist, hofft und wagt der Mensch.
Nur weil du bist, können der Menschen Seelen zu den Himmeln
aufsteigen [...]
Du hast den Menschen Kraft gegeben, Weisheit konntest du nicht schenken.
Doch eines Tages kehr ich zurück als der Bringer des Lichts.
Dann will ich dir den Spiegel Gottes geben. [...]
Deine Weisheit soll weit sein wie jetzt deine Macht gewaltig ist.
Dann soll kein Haß mehr in der Menschen Herzen wohnen
und Angst und Schwäche sollen aus der Menschen Leben weichen,
der Ruf des Egos soll im Inneren verstummen,
sein Löwenbrüllen, das die Welt zu seiner Nahrung fordert.
Denn alles soll dann Macht sein, Seligkeit und frohe Kraft.«
S. 527 f. (513 f.)

Savitri erkennt bei der dritten Seelenkraft ihre Identität mit der Göttlichen Mutter und wird eins mit ihr.

»O du, des Lichts Madonna, Mutter aller Freude und des Friedens,
du bist ein Teil von meinem Selbst, das ausgesandt ward, um
den Geist zu den von ihm vergessnen Höhen zu erheben
und um die Seele durch Berührungen der Himmel aufzuwecken.
Nur weil du bist, strebt unsre Seele in die Nähe Gottes.
Nur weil du bist, wächst Liebe trotz des Hasses,

und die Erkenntnis wandelt ungetötet weiter in den Höllengrund der Nacht. [...]
Des Menschen Hunger nach dem Ewigen musst du ernähren
und mußt sein sehnsuchtsvolles Herz mit Himmelsfeuer füllen
und Gott in seinen Leib und in sein Leben niederbringen.
Ich werde eines Tages wiederkehren und Seine Hände in den meinen halten,
und du sollst das Gesicht des Absoluten sehen.
Dann soll die heilige Hochzeit vollzogen werden,
dann soll die göttliche Familie geboren werden.
Dann wird in all den Welten Licht und Friede sein.«
S. 534 f. (520 f.)

Savitri erkennt in jeder der drei Seelenkräfte Anteile ihrer Seele, die hervorgetreten sind, um der Menschheit zu helfen. Wie die Geschichte zeigt, wurde durch diese Kräfte in Philosophie, Kultur und Wissenschaft bereits viel erreicht. Jedoch reicht keine dieser Kräfte aus, um den Menschen Befreiung und Erfüllung, Frieden und Wohlbefinden zu geben. Hierfür werden andere Kräfte benötigt, die Savitri zu einem späteren Zeitpunkt einer jeden der drei Madonnen mitbringen wird.

Werfen wir nun einen kurzen Blick auf die jeweiligen asurischen Verformungen, die in unserem Ego beheimatet sind und uns beeinflussen. Die Asuras versuchen alles, um uns von unserer Aufwärtsbewegung auf der Leiter der Evolution abzuhalten. Hierin besteht unsere große Herausforderung hier auf der Erde – die Herrschaft über diese Beeinflussung zu gewinnen.

Die Asuras locken und verführen uns durch Versprechungen, die einzig und allein unserem Ego dienen und schmeicheln. Wir können sie jedoch erkennen, und zwar durch ihre perverse Freude am Nihilismus, am Zynismus, Egoismus, Größenwahn und an ihrem »Moralapostelturn«.

Hier hören wir den Asura*, der eine Verformung von Liebe und Mitgefühl ist:

»Ich bin der Mann der Schmerzen, ich bin er,
der angenagelt hängt am weiten Kreuz des Universums.
Um sich an meinen Qualen zu erfreuen, baute Gott die Erde.
Meine Passion hat er zum Thema seines Dramas gemacht.
Er hat mich nackt in seine bittre Welt gesandt,
hat mich mit seinen Ruten geschlagen, mit Kummer und Schmerz,
damit ich jammern möge und vor seinen Füßen kriechen
und ihm mit meinem Blut und meinen Tränen die Verehrung bringe. […]
Ich schufte wie ein Tier und sterbe wie ein Tier.
Ich bin als Mensch der Revolutionär, zugleich hilflos wie ein Sklave.
Mein Schicksal und die Mitmenschen betrügen mich um meinen Lohn. […]
Ich bin das Opfer der titanischen Bösartigkeiten.
Ich bin der Täter dämonischer Taten.
Ich ward geschaffen für das Böse, und das Böse ist mein Los.
So muss ich böse sein und durch das Böse leben.«
S. 519–521 (505–507)

* Asura, Titan: Wesen des mentalisierten Mentalbereiches; Söhne der Finsternis und Trennung. In der späteren Tradition werden sie als Titanen, Giganten und Dämonen bezeichnet. Man unterscheidet zwischen drei asurischen Hierarchien: Asura, Rakshasa, Pishacha. Die Natur des Asura wird von einem Denken und Wollen unter der Herrschaft des Ego und der Unwissenheit regiert. Die Natur des Rakshasa wird durch Gewalttätigkeit und Leidenschaft angetrieben, die ebenfalls unter dem Einfluss des Ego und der Unwissenheit stehen. Die Natur des Pishacha wird aus den niedersten und dunkelsten Begehren gebildet, die zum Dämonischen und Perversen neigen.

Diese Rhetorik erinnert uns an die bekannten Rechtfertigungen von Kriegen, »heiligen« Kriegen, an die Rechtfertigung von Gewalt im Namen der Demokratie, im Namen Gottes, des Heils usw.

Hören wir nun den Asura der Kraft und Macht:

»Ich wuchs heran, ward größer noch als die Natur und weiser noch als Gott,
habe zur Wirklichkeit gemacht, was die Natur niemals erträumte,
ihre Mächte ergriffen und für meine Arbeit eingespannt.
Ich habe die Metalle der Natur gestaltet und neue geschaffen.
Ich werde Glas und Kleider aus der Milch herstellen.
Eisen werde ich in Samt verwandeln, Wasser in ein unzerbrechliches Gestein. [...]
Es gibt kein Wunder, das ich nicht vollbringen kann.
Was Gott so unvollständig ließ, werde ich vervollständigen.
Ich werde seine Sünde, seinen Irrtum ausschalten
aus dem verworrenen Mental und einer halbfertigen Seele.
Was Gott noch nicht erfunden hat, das werde ich erfinden:
Er war der erste Schöpfer, doch ich bin der letzte.«
S. 526 (512)

Der größenwahnsinnige, selbstherrliche Wissenschaftler, der meint, er könne die göttliche Schöpfung übertrumpfen, hat hier sein Forum. Die lebensvernichtenden chemischen Waffen, Atomkraftwerke, Raketen, Genmanipulationen, Klonen von Lebewesen, Vergiftung der Nahrungsmittelketten, grausame Tierhaltung sind ein Beweis seiner vermeintlichen Allmacht. Es scheint ihm nichts auszumachen, Leben zu vernichten und die Grundlage dafür, denn er wähnt sich in seinem wissenschaftlichen Größenwahn sicher und unanfechtbar. Wie die erneute grauenhafte Atomkatastrophe in Japan zeigt, wird der menschenverachtende Zynismus der Atombefürworter erschreckend deutlich (»Unsere Atomkraftwerke sind sicher!«) Aber auch in unserem Ego hat dieser Asura sein Forum: in unserer Überheblichkeit, unserem Größenwahn, in Besserwisserei, Arroganz und Zynismus.

Als Nächstes kommt der mentale egozentrische Asura, der zufrieden auf sein Wirken schaut, zu Wort:

»Jenen Baum der Evolution habe ich nachgezeichnet
mit jedem Ast und Zweig und Blatt an seinem Platz.
Im Embryo bin ich den Spuren der Geschichte aller Formen nachgegangen,
habe die Herkunftsgeschichte von allem, was da lebt, umrahmt.
Entdeckt habe ich Plasma, Zelle und Gen.
Den Protozoen habe ich nachgespürt, den Vorfahren des Menschen,
den niedrigen Ursprüngen, denen er entstieg.
Ich weiß, wie er geboren ward und wie er stirbt.
Und doch, ich weiß nicht, welchem Zweck er dient,
ob überhaupt ein Ziel da ist, es einen Zweck gibt
oder nur Drang zu reicher, schöpferischer, zweckerfüllter Freude
in all den weiten Werken seiner irdischen Gestaltungsmacht.«
S. 532 (518)

Dieser mentale Asura glaubt weder an Gott noch an eine Seele, wie aus folgender Textstelle hervorgeht:

»Ich bin doch menschlich, laß mich menschlich bleiben,
bis ich stumm in das Unbewusste sinke und dort schlafe.
Es ist ein hoher Irrsinn, ja ein Hirngespinst
zu denken, Gott lebe verborgen in dem Lehm des Menschen,
und die ewige Wahrheit könne in der Zeit wohnen,

und sie dann aufzufordern, uns und diese Welt zu retten.
Wie kann ein Mensch denn göttlich werden und unsterblich
und jenen Stoff verwandeln, aus dem er erschaffen ward?
Dies mögen Zauber-Götter träumen, nicht denkende Menschen.«
S. 534 (520)

Dieses materialistische Beruhigungsbonbon bieten uns die Wissenschaftler an – vor allem die materialistischen Biologen und einige Hirnforscher wie Ramachandran, Searl und Dennet. Sie wollen experimentell beweisen, dass höhere spirituelle Erkenntnis und spirituelle Seinszustände auf die Tätigkeit bestimmter Drüsen – vor allem die der Hypophyse und Epiphyse – zurückzuführen seien. Es gibt heutzutage einen wissenschaftlichen Frontalangriff auf die Seele. In der Antike und im Mittelalter wurde »nur« den Frauen der Besitz einer Seele abgesprochen (Kirchenvater Augustinus, Thomas von Aquin usw.), nun aber soll jedem die Seele wissenschaftlich wegerklärt werden. Diese, so die Neurobiologen, gebe es nicht, sie sei im wahrsten Sinne des Wortes ein Hirngespinst.

Na prima! Die gleiche Auffassung findet man im Buch *Manifest des evolutionären Humanismus* von Michael Schmidt-Salomon. Auf Seite 12 heißt es dort: »Das sogenannte autonome ›Ich‹ ist ein Produkt unbewusster, neuronaler Prozesse, ›Geistiges‹ beruht auf Körperlichem, ›Willensfreiheit‹ – im strengen Sinne! – ist eine Illusion, religiöse ›Visionen‹ sind auf Überaktivitäten im Schläfenlappen zurückzuführen usw.«*

Schmidt-Salomon ist Vorstandssprecher der Giordano-Bruno-Stiftung, also einer Stiftung, von der man annehmen sollte, sie stehe

---

* Zitiert nach Armin Risi: *Der radikale Mittelweg*, Zürich 2009, S. 92.

für die Ansichten Brunos. Dieser war zwar Kirchenkritiker, doch hätte er wohl kaum die seelenlosen Vorstellungen eines Schmidt-Salomon unterschrieben. So sagte Bruno: »Die Seele des Menschen ist dieselbe wie die der Fliegen, der Austern, der Pflanzen, überhaupt jeglichen beseelten Wesens. Denn es gibt keinen Körper, der nicht Anteil hätte an der Weltseele.«

Die modernen Seelennegierer reihen sich ein in das Weltbild des mentalen Asuras. Solche Verformungen wirken auch in unserem Innern, in unseren menschlichen Gedanken. Aber auch die Qualitäten der Liebe und des Mitgefühls, der Macht und des Lichts der drei Madonnen entfalten sich in unserem Leben und drängen unser Ego zurück, sodass es sich im Göttlichen auflösen kann. Als Savitri der Madonna des Lichtes mitteilt:

> *»Ich werde eines Tages wiederkehren und Seine Hände in den meinen halten*
> *und du sollst das Gesicht des Absoluten sehen.*
> *Dann soll die heilige Hochzeit vollzogen werden.*
> *Dann wird in all den Welten Licht und Friede sein.«*
> S. 535 (521)

... hat sie ein großes Hindernis überwunden: Sie hat ihre partiellen Identifikationen und deren asurische Verformungen hinter sich gelassen. Nach dieser Erfahrung geht sie durch einen Bereich totaler Leere und Dunkelheit und fühlt sich von aller Kraft verlassen. Doch bald bemerkt sie einen Wandel: Sie verspürt Glück und fühlt sich ihrem Ziel nahe. Endlich findet sie ihre Seele und vereint sich mit ihr:

> *Sie trafen sich in dieser Kammer, die erleuchtet war von Licht und Flammen.*
> *Sie schauten einander an, und sie erkannten sich,*

die tief geheime Gottheit und der Mensch, ihr Partner,
die stille, unsterbliche Seele und die kämpfende.
Dann stürzten sie mit magischer Geschwindigkeit einer Transformation
sich ineinander, und sie wurden eins.
S. 541 (527)

Savitri hat den heiligen Raum im Herzen erobert, wo die Gottheit wohnt und wo Schöpfung stattfindet. Sie hat ihre volle Identität mit ihrer eigenen Göttlichkeit erreicht. Somit ist ihr Yoga ein »Yoga des spirituellen Herzens«. Savitri ist eine lebende Identität, mit der wir Verbindung aufnehmen können, wir können sie in uns aktivieren.

In ihrem Yoga weist sie uns genau den Weg, den auch wir beschreiten können und bei dem sie uns hilft.

Nach dieser Verschmelzung mit ihrem göttlichen Selbst wird in wunderbarer Poesie das Erwachen von Savitris Kundalini, der ursprünglichen Mutterkraft, beschrieben:

Aus dieser seelenlosen, mentallosen Nacht des Unbewußten
erhob sich flammend eine Schlange, aufgeschreckt aus ihrem Schlaf.
S. 542 (528)

In leuchtenden Farben wird das Aufsteigen der Kundalini durch alle Chakras beschrieben: Kopf, Stirn-Mitte, Kehle, Herz, Nabel und Basiszentrum. Savitris ganzes Wesen ist nun mit göttlicher Ekstase erfüllt. Diese Erfahrung wird folgendermaßen beschrieben:

»O Seele, meine Seele, einen Himmel haben wir erschaffen.
Im Inneren haben wir hier Gottes Königreich entdeckt.
Wir haben seine Festung aufgebaut in einer lauten unwissenden Welt.

Fest eingegraben wurde unser Leben zwischen zwei Strömen von Licht.
Wir haben diesen Raum in einen Golf des Friedens umgewandelt,
und aus dem Körper machten wir ein Kapitol von Seligkeit.
Was noch, was noch, falls hier mehr getan werden muss?«
S. 545 (531)

Diese innere Transformation Savitris wird hier wie folgt beschrieben:

Im langsamen Prozeß des Geistes in seiner Evolution,
in dieser kurzen Spanne zwischen Tod und der Geburt,
ist schließlich jetzt die erste Stufe der Vollkommenheit erreicht,
aus diesem Holz und Stein des Stoffes unserer Natur
ein Tempel aufgebaut, in dem die hohen Götter leben könnten.
Läßt man auch diese Welt mit ihrem Ringen unberücksichtigt,
kann die Vollkommenheit eines einzigen Menschen doch die Welt retten.
Gewonnen ist jetzt eine neue Nähe zu den Himmelshöhen [...]
Ein Wohnzelt Gottes wurde aufgeschlagen in der Menschen Zeit.
S. 545 (531)

Savitri hat nun die Identität mit ihrer Seele erreicht. Sie kann aus dieser erleuchteten Perspektive ihre gesamte Mission überblicken. Der erste Teil war das Finden ihrer Seele und ihre Erfahrung des formlosen (nirguna) und dynamischen (saguna) Brahman. Sie muss sich nun für den zweiten Teil ihrer Mission rüsten: die Konfrontation mit dem Tod. Sie hat nun alle Voraussetzungen, die fortschreitende Transformation der Erde und der Menschheit voranzubringen. Die Intensität ihrer Liebe, nicht nur zu Satyavan, sondern zu jeglicher Kreatur, ist wesentlich intensiver geworden. Dennoch ist sie noch nicht am Ende ihrer inneren Reise angekommen. Als ihr Herz eines Tages von einer tiefen Furcht und Finsternis ergriffen wird, hört sie eine strenge Stimme:

»Ich bin der Tod und die finstere, schreckensvolle Mutter alles Lebens,
die Kali bin ich, schwarz und nackt in dieser Welt,
und Maya bin ich, dieses Universum ist nur mein Betrug.
Mit meinem Atem mache ich des Menschen Glück zur Wüste, [...]«
S. 549 (535)

Wie kann man sich dem Zugriff von Tod, Zeit und Schicksal entziehen? Eine weitere Stimme gibt ihr den Rat, das Getrenntsein vom Selbst aufzugeben, damit sie den Tod überwinden könne. Sie solle zufrieden damit sein, die Leere des Höchsten zu werden. Solange man sich des getrennten Selbst bewusst sei, auch wenn man von spiritueller Ekstase erfüllt sei, könne der Tod eintreten. Die Stimme mahnt:

»Verbanne aus dir alles Denken und sei Gottes Leere.
Dann wirst du jenes Unerkennbare enthüllen, [...]
Bejahe, daß du nichts und niemand bist, löse das Werk der Zeit auf!
Wirf dein Mental hinweg und tritt zurück aus Form und Namen!
Mach dich selbst zum Nichts, damit allein Gott sei!«
S. 551 f. (537 f.)

Nach Savitris spirituellem Sieg wird von ihr verlangt, ihr Ego völlig aufzugeben. Sie soll zur »Leere Gottes« werden. In diesem Prozess entledigt sie sich ihrer äußeren Natur. In diesem Zustand der Leere gibt es weder das Objekt, das gesehen wird, noch das Subjekt, das sieht. Dies ist die Beschreibung der Erfahrung von Savitris Nirvana und die Entdeckung des alles verneinenden Absoluten (Nirguna-Brahman).

Ein unbegrenztes Nichts war das äußerste Zeichen,
oder das Wirkliche war das Unwißbare.
Ein ganz einsames Unbedingtes verneinte alles.
Es befreite die unwissende Welt aus ihrer Einsamkeit
und ertränkte die Seele in ihrem immerwährenden Frieden.
S. 564 (550)

Savitri hat nun ein absolut freies Bewusstsein, von allem entledigt, bis auf die bloße Wirklichkeit. Ihr sterbliches Ego hat sich aufgelöst, es ist in Gottes Nacht verschwunden. Sri Aurobindo beschreibt Savitri in diesem Zustand als einen »Kreis ohne Umfang«. Sie hat nun das Gefühl äußerster Hingabe. Sie ist nun auf ihre Schicksalsstunde vorbereitet, in der Satyavan vom Tod getroffen wird. Sie ist nicht mehr beunruhigt über das Bevorstehende. Aus der Frau und Gattin ist ein »spiritueller Dynamo« geworden, ein Wassertropfen, der sich mit dem Ozean vereint hat. Ihre Erfahrung der totalen Verneinung ist jedoch nicht der einzige Aspekt der Erfahrung des Absoluten. Sie ist wie der Boden, auf dem das Haus Gottes mit vielen Stockwerken steht.* Kurz darauf wird Savitri von den Erfahrungen der positiven Wirklichkeit des Absoluten überwältigt – Saguna-Brahman.

Die Welt der Irrealität war nun zu Ende:
Es gab kein Universum mehr, von dem Mental erbaut, [...]
Es war die Wonne von Formlosigkeit und Form,
war alle Liebe und die Arme des einen Geliebten,
war Schau und Denken in dem einen alles überschauenden Mental.
Es war die Freude ihres Daseins auf den Gipfeln Gottes. [...]

---

* Vgl.: M. Nadkarni: *Four Talks*, Sri Aurobindo Society, Pondicherry, 1990, S. 51 ff.

Nun sah Savitris Geist die Welt als lebendigen Gott.
Er sah den Einen, und er wußte, daß Er dieses alles war.
S. 568-570 (554-556)

Durch diese ungeheure Schau erfährt Savitri einen abermaligen tiefen Wandel. Sie fühlt ihr Einssein mit dem Unendlichen sowohl im Sein als auch im Werden. Sri Aurobindo drückt ihre Erfahrung der Verschmelzung mit allem, was ist (Brahman), folgendermaßen aus:

Unterbewußt lebte sie in dem Baum und in der Blume,
blühte sie auf in jedes Frühlings honigsüßen Knospen.
Sie glühte in der Leidenschaft und in der Herrlichkeit der Rose.
In der Passionsblume war sie das rote Herz
und das Traumweiß der Lotusblüte dort in ihrem Teich. [...]
Der Kosmos blühte auf in ihr, sie war sein Blumenbeet.
Sie war die Zeit und auch die Träume Gottes in der Zeit.
Sie war der Raum und auch die Weite seiner Tage. [...]
Unendlichkeit war der natürliche Raum ihres Fortschritts.
Ewigkeit schaute aus ihr auf die Zeit.
S. 571 (557)

Savitris Veränderungen haben ein ungeheures Ausmaß erreicht. Sie ist nun am Ende ihrer inneren Suche angelangt. Glückseligkeit und Visionen überkommen sie. Savitri weiß nun, wer sie ist: die Rose Gottes! Sie kann dem Tod entgegentreten.

DER SIEG ÜBER DEN TOD

Am vorbestimmten Tag des Todes begleitet Savitri Satyavan in den Wald. Als sie seinen plötzlichen Aufschrei in Todesagonie hört, eilt sie zu ihm und bettet seinen Kopf in ihren Schoß, während Satyavan fleht: »Savitri, meine Seele, beuge dich zu mir und küss mich, während ich sterbe!«

Der Gott des Todes, Yama, kommt persönlich, um diese reine Seele in sein Reich zu holen. Savitri folgt ihnen, obwohl Yama sie immer wieder mit Drohungen zurückweist. Sie lässt sich nicht beirren, denn sie ist die »Delegierte Gottes unter den Menschen«, der transzendente Strahl. Sie verlangt die Seele Satyavans zurück, denn sie haben eine gemeinsame Aufgabe auf der Erde.

Nach langem, zähem Ringen, in dem Yama immer und immer wieder Savitri entmutigt, sie verspottet und ihr Beharren auf der Transformationskraft der Liebe, die stärker ist als der Tod, lächerlich macht, besiegt sie letztendlich diese finstere Macht, indem sie in die volle Kraft ihrer Identität mit der Göttlichen Mutter geht. Sie reißt seine dunkle Maske herunter und verzehrt ihn durch ihr strahlendes Licht.

Savitri geht nach ihrem Sieg über den Tod nunmehr durch alle Bereiche des Göttlichen bis hin zum »Immerwährenden Tag«, wo die Sonne nie untergeht (Supramentale Ebene). Der Höchste bietet ihr einen Platz an seiner Seite an. Sie wird aufgefordert, die Erde und die Menschen hinter sich zu lassen, um dort in ewiger Seligkeit mit Satyavan zu verweilen. Jedoch Savitri lehnt ab. Sie weiß um ihre Aufgabe auf der Erde, sie will sich so lange inkarnieren als duale Kraft Gottes, bis die Erde ein Ort der Unsterblichkeit und des Wahrheitsbewusstseins geworden ist, ein Ort, wo das Leben zur Göttlichkeit transformiert worden ist. Sie kehrt, mit der Seele Satyavans, zur Erde zurück. So weit die Geschichte.

SRI AUROBINDOS SAVITRI – DIE ZWEI, DIE EINS SIND…

Schauen wir uns nun einmal an, was Sri Aurobindo in *Savitri*, seinem »Offenbarungswerk für das neue Zeitalter« (Mutter), zu diesem dualen Aspekt des Göttlichen schreibt.

In Buch XI – »Der Ewige Tag« – spricht Gott zu Savitri und Satyavan sehr deutlich über ihren Auftrag und die Natur ihrer Mission vom Anbeginn aller Zeiten bis zum Zeitpunkt, wo die Herabkunft des Supermind die Erde zu einem Planeten des Wahrheitsbewusstseins macht, auf der auch der Tod und die Unwissenheit kein Dasein mehr haben.

»Ich sandte euch dereinst unter die Sterne
als eine zwei-einige Gottesmacht in eine unwissende Welt,
in eine eingezäunte Schöpfung, die ausgeschlossen war vom grenzenlosen Selbst,
damit ihr Gott hinabbringt auf den empfindungslosen Erdball,
die Erdenwesen aufhebt zur Unsterblichkeit.
In der Welt meines Wissens und meiner Unwissenheit,
wo Gott unsichtbar ist und nur gehört wird als ein Name
und wo das Wissen in den Grenzen des Mentals gefangen ist,
wo Leben mit dem Schleppnetz des Begehrens eingeholt wird
und wo Materie die Seele vor ihrer eigenen Sicht verbirgt,
dort seid ihr meine Wirkkraft, die der Erde Schicksal hebt,
mein Selbst, das die immense Neigung aufhebt,
die zwischen Extremen aus des Geistes Nacht und Tag bestand. […]

O Savitri, du bist die Macht meines Geistes,
die Stimme, die mein unsterbliches Wort offenbart,
das Angesicht der Wahrheit auf den Straßen dieser Zeit,
das den Seelen der Menschen ihren Weg zu Gott zeigt. [...]
sollst du geboren werden in des Menschen zweifelsvolle Stunden,
in Formen, die der Seele Göttlichkeit verbergen
und durch die Schleier der an Zweifeln reichen Erdluft zeigen,
wie mein Glanz gleich der Sonne durch die Wolken bricht [...]
Und du sollst ihnen die verborgnen Ewigkeiten offenbaren,
den Atem der Unendlichkeiten, der noch nie geoffenbart ward,
und etwas von dem Rausch der Wonne, die die Welt erschuf [...]«
S. 716 ff. (702 ff.)

»So ist Satyavan meine Seele, die aus der nichtwissenden Nacht aufsteigt
durch Leben und Mental und die weite Übernatur,
zum überirdischen Licht der Zeitlosigkeit
zu meiner Ewigkeit, die im bewegten Gang der Zeit verborgen ist [...]«
S. 717 (702)

Hier sehen wir deutlich den göttlichen Auftrag, der so lange besteht, bis die Erde endgültig zur Heimstatt des supramentalen Bewusstseins geworden ist.

Das große Epos *Savitri* offenbart einen großen Sieg über den Tod, aber noch nicht den endgültigen. Was bis dahin gilt, hören wir an Savitris Worten, die hier als das inkarnierte göttliche Wort zum Tod Folgendes sagt:

»So lebe, Tod, noch eine Weile und sei weiterhin mein Werkzeug. [...]
Doch jetzt, zeitlose Hoheit, tritt beiseite

und räum den Weg für meine inkarnierte Kraft.
Befreie den strahlenden Gott von deiner schwarzen Maske:
Gib der Welt Seele frei, genannt Satyavan,
erlöst von deinem Würgegriff durch Leiden und Unwissenheit,
damit er dasteht als der Meister über Leben und Geschick,
als der Repräsentant des Menschen in dem Hause Gottes,
der Weisheit Gatte und des Lichts Geliebter,
der ewige Bräutigam der ewigen Braut.«
S. 680 (666)

Der Mensch muss sich dem Tod noch so lange beugen, bis sich Savitri wieder inkarniert und den Supermind auf die Erde bringt und die endgültige Transformation möglich macht. Wir sehen deutlich, dass Savitri das inkarnierte Wort ist, eine lebendige Kraft, die in uns wirkt und uns den Weg der Transformation unseres Bewusstseins weisen kann. Satyavan ist der leuchtende Gott, die Seele der Welt und der Repräsentant der Menschen im Hause Gottes. Sri Aurobindo und die Mutter betonen immer wieder, dass die Erde der einzige Planet in diesem Universum sei, wo es eine Evolution des Bewusstseins geben kann. Die Erde sei eine »Amme für die Seelen« (*Savitri*, S. 117). Was hier bewusstseinsmäßig erarbeitet wird, hat Auswirkungen auf das gesamte Universum.

*Unsere Aufmerksamkeit muss auf die Erde gerichtet sein, weil hier unsere Arbeit ist. Abgesehen davon ist die Erde der Fokuspunkt von allen anderen Welten, und man kann diese erreichen, sobald man etwas Korrespondierendes hier in der Erdatmosphäre berührt.**

---

* Sri Aurobindo, Originalnotiz, 13.6.1934

Nicht umsonst wird auch in den heiligen Schriften Indiens betont, dass auch die Göttinnen und Götter, wenn sie die Bewusstseinsleiter höher erklimmen wollen, aus ihrer »Obermental-Ebene«, auf der es keine Evolution des Bewusstseins gibt, auf die Erde kommen müssen.

Die Zwei, *die eins sind …*

So sind Savitri und Satyavan nicht verschieden von den »Zwei, die eins sind«, wie wir in Buch I, Canto 4 – »Das geheime Wissen« – sehen:

»Zwei sind es, die doch eins sind und in vielen Welten spielen.
Sie haben sich gesprochen und getroffen in Wissen und in Unwissenheit,
und Licht und Finsternis sind ihrer Augen Austausch,
Unsere Lust und Pein sind ihre Kämpfe und ihre Umarmung,
und was wir tun und hoffen, ist Inhalt ihrer Geschichte.«
S. 71 (61)

Dies ist der Knoten, der die Sterne aneinander bindet:
Die Zwei, die eins sind, bilden das Geheimnis aller Macht.
Die Zwei, die eins sind, sind auch in den Dingen Macht und Recht.
Und seine Seele trägt und fördert schweigend diese Welt und sie,
und seine Handlungen sind die Register ihrer Vorschrift.
Untätig glücklich liegt er ihr zu Füßen:
Er bietet seine Brust ihr dar für ihren Tanz im Kosmos,
dessen zitterndes Theater unser Leben ist […]
S. 73 (63)

Weiter heißt es über den dualen Aspekt Gottes, im individuellen Bereich symbolisiert durch Purusha und Prakriti:

[...] wandeln zwei Mächte, geboren aus einer einzigen ursprünglichen Ekstase
ganz nahe beieinander, doch getrennt im Leben eines Menschen.
Die eine neigt sich hin zur Erde, die andere trachtet nach den Himmeln.
Der Himmel träumt begeistert von vollkommener Erde,
Beide sehnen sich nach Vereinigung, wandeln jedoch für sich,
sinnlos getrennt durch ihre eitlen Einbildungen.
S. 698 (684)

Tantra lehrt uns, die göttliche Shakti zu uns heranzuziehen, damit sie uns transformieren kann. Der Integrale Yoga bringt die beiden Pole der Realität – Brahman und Shakti, Purusha und Prakriti – zusammen. Er greift weder auf die im Tantra üblichen Formeln und Rituale zurück noch auf die vedantische Lehre des illusionistischen Advaita, bei der Shakti als Macht der Illusion, die überwunden werden müsse, abgelehnt wird. Hier ist der Purusha oder die bewusste Seele der Herr, während Prakriti, die Natur-Seele, die ausführende Macht ist.

*Der Purusha besitzt die Natur des Sat; er ist das bewusste reine, unendliche Selbst-Sein. Die Shakti oder Prakriti hat die Natur des Chit; sie ist die verwirklichende Macht des reinen, unendlichen, seines Selbst bewussten Seins des Purusha. Die Beziehung beider zueinander liegt zwischen den Polen von Ruhe und Aktivität. Wenn die Energie völlig von der Seligkeit ihres bewussten Selbst-Seins absorbiert ist, herrscht Ruhe. Wenn sich der Purusha in die Aktivität seiner Energie ergießt, kommt es zur Aktion, zur Schöpfung und zur Freude, zum Ananda des Werdens.**

---

* Sri Aurobindo: *The Synthesis of Yoga*, SABCL, Bd. 21, S. 38, zitiert in: Prema Nandakumar: *Savitri: The Devikavyam*, S. 182

Dass Savitri und Satyavan Gott und die Göttliche Mutter repräsentieren, wird in folgendem Zitat deutlich, auch die eindeutige tantrische Nähe:

> *[...] die Hochzeit des ewigen Herrn mit seiner Gattin*
> *erneut auf Erden stattfand in menschlichen Gestalten;*
> *In einem Akt des Dramas dieser Welt*
> *begannen diese Zwei vereint nun eine größere Geschichts-Epoche.*
> S. 425 (411)

Savitri ist sich ihrer alten Verbindung mit Satyavan bewusst, wie wir an ihren Worten dem Tod gegenüber sehen können:

> *»Wir waren Mann und Frau seit jenem Urbeginn,*
> *die Zwillings-Seelen, geboren aus dem unsterblichen Feuer.*
> *Dämmerte er mir nicht in anderen Gestirnen?*
> *Wie hat er durch die Wirrnisse der Welt*
> *mich wie ein Löwe in der Nacht verfolgt,*
> *und kam dann plötzlich über mich auf Wegen*
> *und packte mich mit seinem wundervollen goldnen Ansprung! [...]*
> *Auch ich fand ihn verzaubert in die liebenswerten Formen*
> *und bin entzückt zu seiner fernen Stimme hingeeilt,*
> *und habe mich an ihn gedrückt trotz zahlreicher schrecklicher Schranken.«*
> S. 628 (614)

So erkennt Savitri Satyavan bei ihrem ersten Zusammentreffen im Wald an seiner Stimme, die nach ihr ruft. Sie weiß, dass er derjenige ist, nach dem ihre Seele gesucht hat. »Du, Satyavan, du allein bist es!« Und auch er weiß, dass sie die goldene Brücke zwischen Geist (Spirit) und Materie, zwischen dem Endlichen und Unendlichen ist.

LIEBE UND TOD – DIE LIEBE ALS STÄRKSTE TRANSFORMATIONSKRAFT

Savitri bringt auch dem Tod gegenüber mehrmals sehr deutlich zum Ausdruck, dass sie und Satyavan die duale Kraft Gottes mit einer gemeinsamen Aufgabe und einem gemeinsamen Auftrag sind:

»O Tod, ich habe nicht wegen dem süßen Drängen meines Herzens
und nicht allein wegen der Wonne meines frohen Körpers
den lebendigen Satyavan von dir gefordert,
sondern um seines und meines Werkes willen, unsern heiligen Auftrag.
Unsere Leben sind die Boten Gottes unter den Sternen.
Sie sind herabgekommen, um im Schatten des Todes zu wohnen,
und lockten Gottes Licht herbei für die unwissende Menschheit auf Erden
und lockten seine Liebe, um die hohlen Menschenherzen zu erfüllen,
und seine Seligkeit, um die Freudlosigkeit der Welt zu heilen.
Denn ich, die Frau, bin die Kraft Gottes.
Er, Satyavan, ist des Ewigen abgesandte Seele im Menschen.«
S. 647 (633)

Dass die Liebe allein den ehernen Bann des Todes brechen kann, wird an Savitris weiteren Worten deutlich:

»Mein Wille ist erhabener als dein Gesetz, o Tod.
Meine Liebe ist stärker als des Schicksals Bindungen.
Denn unsre Liebe trägt die himmlische Besiegelung des Allerhöchsten.
Ich schütze dieses Siegel vor deinen reißenden Händen.

Die Liebe darf nie aufhören, auf der Erde zu leben,
denn die Liebe ist das helle Bindeglied zwischen Erde und Himmel.
Die Liebe ist hier jenes fernen Transzendenten Engel.
Die Liebe ist des Menschen Pfandrecht auf das Absolute.«
S. 647 (633)

Savitri will Satyavan zur Erde zurückbringen, um ihrer gemeinsamen Aufgabe willen: den Weg, der zu Gott führt, gemeinsam zu gehen. Ihr Entschluss, Satyavan zur Erde zurückzubringen, steht für ihr Vorhaben, das göttliche Leben auf Erden zu etablieren. Genau dies weiß Yama und versucht es mit allen Tricks zu verhindern. Yama argumentiert wie ein Sophist. Mit den Argumenten vom Standpunkt der Nihilisten, Existentialisten, Realisten und Idealisten lässt er nichts unversucht, Savitris hohes Ziel zu verhindern und ihr Vorhaben ins Lächerliche zu ziehen. Als nichts Erfolg hat, argumentiert er vom Standpunkt eines vedantischen Mayavadins*. Jedoch lässt sich Savitri durch die verschiedenen Argumente nicht abschrecken.

Nadkarni macht in diesem Zusammenhang deutlich, dass die Logik des Endlichen nicht ausreicht, um die Dynamik des Unendlichen zu verstehen.**

Wie in der ursprünglichen *Mahabharata*-Erzählung ist der Gott des Todes von Savitris Mut und Standhaftigkeit beeindruckt und gewährt ihr einen Wunsch.

Sie erbittet für Satyavans Vater sein Augenlicht und sein Königreich zurück. Yama erfüllt diesen Wunsch und erwartet, dass Savitri nun zur Erde zurückkehrt, was sie jedoch nicht tut, denn dies würde bedeuten,

---

* Ein Anhänger des vedantischen Illusionismus
** Ibid., S. 62 ff.

dass sie ihr Schicksal akzeptiert. Er beginnt daraufhin, ihr tiefe Sehnsucht und ihre Liebe zu attackieren und lächerlich zu machen:

»[...] was ist denn diese Liebe, die dein Denken so vergöttlicht hat,
was ist die so geheiligte Legende, dieser unsterbliche Mythos?
Sie ist doch nur ein bewußtes Sehnen deines Fleisches,
sie ist ein ruhmreiches Brennen in deinen Nerven, [...]
Und doch, wie kurz und schwach ist es! Wie bald ist schon
der Reichtum, den die Götter an Menschen vergeudet haben [...]
die seltsame Durchlichtung aller Sinne verbraucht! [...]
Hätte Satyavan noch gelebt, die Liebe wäre bald gestorben.
Doch Satyavan ist tot, die Liebe aber soll
in deiner kummervollen Brust für eine kurze Weile leben,
bis sein Antlitz und Körper an der Wand deiner Erinnerung verblassen,
wo andere Körper, andere Gesichter dafür kommen.«
S. 624 (610)

Savitri lässt sich jedoch von Yamas Sophismus nicht beeindrucken, da sie die Wahrheit der Liebe kennt und sie zu verteidigen weiß. Sie erklärt, dass die Liebe eine Gottheit ist – im Himmel und auf Erden – und das geheiligte Band, das die beiden Ebenen verbindet:

»Denn meine Liebe ist kein Hunger meines Herzens,
sie ist auch kein Begehren meines Fleischs.
Sie kam zu mir von Gott, zu Gott kehrt sie zurück.
Denn selbst in allem, was das Leben und der Mensch verdorben haben,
wird immer noch ein göttliches Flüstern gehört.
Ein Atem wird gefühlt aus den ewigen Sphären.«
S. 626 (612)

Und wieder ändert Yama seine Taktik, indem er die Liebe als solche für sinnlos und flüchtig erklärt. Er wertet auch das menschliche Leben ab, denn der Mensch sei ein unvollkommenes Geschöpf, das er auch bleiben werde, solange er auf Erden weile. Es sei töricht, ihm die Unsterblichkeit zu gewähren. Alle Ideale, alles Streben nach höheren Werten macht er schlecht als bloße Verirrungen des Verstandes, als bloße Erfindung und wahnhaftes Delirium von Sprache und Gedanken.

Savitri lässt sich nicht abschrecken. Sie entgegnet ihm, er spreche mit der Wahrheit, die tötet, während sie mit der Wahrheit spreche, die rettet:

> »*O Tod, du blickst auf eine Welt, die unvollendet ist,*
> *bestürmt von dir und ihres Weges nicht sicher,*
> *bevölkert von Menschen mit unvollkommenem Mental und unwissendem Leben,*
> *und du behauptest, Gott sei nicht, und alles sei vergebens.*
> *Wie soll denn dieses Kind bereits der reife Mensch sein?* [...]
> *So müht sich unsere Unvollkommenheit hin zur Vollkommenheit.*«
> S. 637 (623)

Savitri weiß sehr genau um die Grenzen des Menschseins. Sie sieht jedoch auch dessen Potenzial, sich in etwas Höheres zu wandeln. Der Mensch stehe aufgrund seiner göttlichen Seele, seines Selbst, unter dem Druck, sich in das Göttliche zu transformieren:

> *All unsre Erde fängt im Schlamm an und endet im Himmel,*
> *und Liebe, die einst die Begierde eines Tiers war,*
> *dann im entzückten Herzen eine liebliche Verrücktheit,*

im glücklichen Mental innige Kameradschaft,
wird jetzt zu einem weiten Raum spirituellen Sehnens.
S. 646 (632)

Sie erklärt, warum nur die Liebe die Erlöserin sein kann, die mächtig genug ist, die Menschheit von Unwissenheit und Schmerz zu befreien. Sie offenbart Yama ihre Sendung und damit den Grund, warum sie Satyavan zurückhaben möchte.

Noch einmal ändert Yama seine Taktik. Er argumentiert, wie es denn sein könne, dass Menschen, aus vergänglicher Materie geschaffen, jemals eins mit Gott, dem unvergänglichen Geist, werden könnten. Die Welt, so wie sie ist, sei von Gott auch so geplant worden. Freiheit, Seligkeit und Unsterblichkeit können – wenn überhaupt – nur in einem Leben nach dem Tod gefunden werden. Der Mensch könne, solange er in diesem materiellen Körper wohne, nichts Besseres erfahren als diese unvollkommene Welt, die voller Übel, Schmerz und Unwissenheit sei. Savitri möge lieber die Liebe und Satyavan vergessen, sich zu Gott hinwenden und der Erde entsagen. Dann verkündet Yama:

»Und ich, der Tod, ich bin die Pforte zur Unsterblichkeit.«
S. 661 (647)

Savitri lässt sich auch durch Yamas Zynismus nicht beeindrucken und fordert ihn heraus: Wenn diese Schöpfung aus sinnlosem Nichts entstanden sei, wenn Materie aus Energie entstehen könne und Leben aus Materie und Verstand aus Leben, und wenn die Seele durch das Fleisch hinausschauen könne, was sei dann falsch daran, zu hoffen, dass der unvollkommene Mensch von heute sich eines Tages in die

Vollendung Gottes transformieren könne? Selbst jetzt ließen sich im Menschen bereits Spuren der zukünftigen Vervollkommnung erblicken:

»[...] was kann Gott daran hindern, sich hineinzustehlen,
wer will ihm denn verbieten, die schlafende Seele zu küssen?
Schon ist Gott nahe, Wahrheit ist schon dicht bei uns. [...]

Doch weil ich am leuchtenden Rand der Ewigkeit stehe,
habe ich auch entdeckt, daß die Welt Er war.
Ich bin dem Geist mit Geist, dem Selbst mit Selbst begegnet.
Ich habe aber auch den Körper meines Gottes sehr geliebt.
Ich bin ihm nachgegangen hier in seiner irdischen Gestalt.
Einsame Freiheit kann niemals ein Herz
befriedigen, das eins geworden ist mit jedem Herzen.
So bin ich eine Abgesandte der strebenden Welt.
Die Freiheit meines Geistes fordre ich für alle.«
S. 663 (649)

Savitri weist den Gott des Todes in jedem Punkt in seine Grenzen. Mehr und mehr verliert er an Autorität und Größe. Seine letzte Herausforderung besteht darin, ihre wahre Macht und ihres Geistes Kraft zu beweisen, sodass er ihren Anspruch auf Unsterblichkeit beurteilen kann. Über Savitri kommt die letzte große Verwandlung. Die mächtige Göttliche Mutter in ihr wirft ihren Schleier ab und offenbart sich in ihrer glorreichen Herrlichkeit:

»Ich grüße dich, den allmächtigen und siegreichen Tod,
du großartige Finsternis des Unendlichen!

O Leere, die du Raum für alle schaffst, damit sie existieren,
du Hunger, der du nagst am Universum,
die kalten Überreste von den Sonnen aufzehrst
und die ganze Welt auffrißt mit deinen Kinnladen von Feuer,
Vergeuder jener Energie, die einst die Sterne schuf,
du Unbewußtheit, die des Denkens Saaten in sich trägt,
du Nichtwissen, in dem Allwissenheit begraben schläft
und langsam aufersteht in deren hohler Brust [...]
Du bist mein Schatten und mein Instrument,
Ich habe dir deine unheimliche Gestalt verliehen,
dein scharfes Schwert von Schrecken, Leid und Schmerz,
um die Menschenseele zu zwingen, für das Licht zu kämpfen
bei dieser Kürze seiner halbbewußten Tage.
Du bist sein Sporn, der ihn zur Größe treibt in seinen Werken,
die Peitsche seines Sehnens nach ewiger Wonne,
sein brennendes Bedürfen der Unsterblichkeit.«
S. 680 (666)

Der Tod sieht sich diesem Licht gegenüber hilflos ausgeliefert. Er wird vom Lichterglanz Savitris aufgezehrt. Selbst des Todes gewohnte Hilfen und Stützpunkte – das träge Erdbewusstsein, das Unbewusste, selbst die Hölle und das »Nichts«, die Leere – versagen angesichts dieser göttlichen Macht ihre Hilfe. Seine finstere Gestalt wird aufgezehrt. Er flieht weit weg, um ihrer gefürchteten Berührung auszuweichen, und sucht Zuflucht in der Nacht, die sich weiter zurückzog. Der schreckliche universale Schatten verschwindet und löst sich in der Leere auf, aus der er kam. Satyavan und Savitri sind allein.

Mit dem Sieg über den Tod und mit dessen Auflösung ist Savitri von Gottes »Immerwährendem Tag« umgeben. Sie erblickt die »sieben unsterblichen Erden«, die »Heime der Gesegneten, die erlöst sind von Tod und Schlaf, wohin weder ein Kummer noch ein bitterer Schmerz gelangen kann«.

Die niederste von diesen Erden war immer noch Himmel,
der die Schönheit und Pracht der Szenen dieser Erde
in jene Herrlichkeit göttlicher Dinge übersetzte.
S. 686 f. (672)

Die Kinder vom Tage Gottes lebten um Savitri [...]
in einer unaussprechlichen Glückseligkeit,
in einem Frohsinn, den sie nie verloren, in unsterblichem Wohl,
als eine wonnevolle Schar der frohen Ewigkeit.
S. 687 (673)

Niemand anders als der, dem Savitri als Tod Trotz und Widerstand geboten hatte, den sie als Tod und Nacht gesehen und besiegt hatte, war seiner Schrecklichkeit beraubt. Wir erkennen auf diese Weise, dass er nichts weiter ist als Gott in seiner verschleierten Form, verhüllte göttliche Liebe.

Savitris Konfrontation mit dem Tod steht für unsere eigene Konfrontation mit dem Unbewussten, das diese Maske tragen muss, solange wir ihm noch die Herrschaft einräumen. Savitri macht deutlich, dass der Tod nur eine Maske des Höchsten ist, der beabsichtigt, auf diese Art und Weise unsere Bewusstwerdung zu beschleunigen.

Seine entsetzliche Gestalt war umgestaltet.
Seine traurig zerstörerische Macht und seine Dunkelheit
waren für immer abgetan, und es enthüllte sich jetzt
das Mysterium seiner machtvollen und hohen Taten. [...]
Die düstere Maske der Nacht war zum wundervollen Angesicht
geworden. [...]
Es gab nicht mehr die Marter unter den Gestirnen.
Das Böse suchte nicht mehr Zuflucht hinter der Maske der Natur.
Es gab nicht mehr den finstern Vorwand für den Haß,
die grausame Grimasse auf der Liebe umgewandeltem Gesicht.
S. 693 (679)

Die Stimme des Einen erklingt im Herzen Savitris, »dem menschlichen Bild des todlosen Wortes«. Er bewundert sie dafür, dass sie das bisher Unmögliche erreicht hat, nämlich die Tore spiritueller Sicht zu öffnen:

»In dir hat die geheime Schau, die menschliche Blindheit verfehlte,
ein Blickfeld aufgetan für vergangene Zeit, für meines Wagens Lauf,
und den Tod, meinen Tunnel, den ich durch das Leben treibe,
um zu meinen unsichtbaren Wonne-Fernen zu kommen.
Ich bin das stille Suchen eifersüchtiger Götter [...]
Ich bin die unverletzbare Ekstase [...]«
S. 697 f. (683 f.)

Der Höchste legt Savitri nahe, Geduld zu haben, bis sie wieder vereint sei mit ihrem Geliebten. Sie mögen inzwischen als duale Kräfte dienen. Savitri könne jedoch, wenn sie bereit sei, die Erde zu verlassen, der leidenden Menschheit den Rücken kehren. Sie hört die göttliche Stimme sagen:

»Erhebe dich, behaupte deines Geistes erkämpftes Recht: [...]
und steige auf, o Seele, in dein freudevolles Heim!
Hier auf dem Spielplatz des Ewigen Kindes
oder in den Bereichen, wo die weisen Unsterblichen wandeln,
wandele mit dem Glanz deines Gefährten unter Himmeln,
die spirituell erleuchtet sind von einer Sonne, die nie untergeht!
Lebe wie Gottheiten, die sich um diese Welt nicht kümmern
und die nicht Anteil haben an den Mühen der Naturgewalten,
weil sie von ihrer Selbst-Ekstase absorbiert sind.
Wirf den vieldeutigen Mythos des Erd-Begehrens ab,
o Unsterbliche, erhebe dich zur Glückseligkeit!«
S. 699 (685)

DIE ERDE – SCHAUPLATZ DES GÖTTLICHEN WIRKENS

Savitri lauscht mit Freuden dem Wohlklang der verführerischen Stimme in ihrem stillen Herzen, welche alle Freuden der Erde und des Himmels übertrifft. Dann antwortet sie mit einem aus der Tiefe kommenden Lächeln:

»O du, der du des Menschen Seele hart bedrängst mit Tod und Leben,
mit Lust und Leid der Welt, mit Tag und Nacht,
der du sein Herz versuchst mit der Verlockung fernen Himmels
und seine Stärke prüfst mit der engen Berührung einer Hölle:
Ich steige nicht empor zu deinem immerwährenden Tag,
wie ich auch deine ewige Nacht abgewiesen habe.
Mir, die ich von dem irdischen Weg nicht abweiche,
gib das andere Selbst, nach dem meine Natur verlangt, zurück! [...]
Die Erde aber braucht hier seinen schönen Geist, den du erschufst!«
S. 699 f. (685 f.)

Savitri macht hier deutlich, dass ihre Antwort der ähnelt, die sie dem Tod gegeben hat. Sie weiß um das wahre Anliegen des Höchsten und auch, dass sie und Satyavan den Auftrag haben, die Menschheit in den Zustand der Unsterblichkeit emporzuheben. Er versucht sie jedoch weiter, indem er ihr den Platz in seiner nie untergehenden Sonne anbietet.

Aber Savitri bleibt bei ihrem Auftrag und betont erneut die Bedeutung ihrer Arbeit auf der Erde:

»Die Erde ist der auserwählte Ort mächtigster Seelen.
Die Erde ist des heldenhaften Geistes Kampfplatz,
die Schmiede, wo der Erz-Baumeister seine Werke formt.
Die Dienstbarkeiten auf der Erde, König, sind viel größer
als all die wunderbaren Freiheiten des Himmels.«
S. 700 (686)

»Dort, wo die Götter und Dämonen in der Nacht kämpfen,
dort, wo sie an der Sonne Grenzen ringen [...]
um das Unmögliche zu wagen trotz der Qualen solchen Suchens,
streckt jener Geist der unsterblichen Liebe in mir
seine Arme aus, die ganze Menschheit zu umfassen.«
S. 700 (686)

Denn Savitri hält selbst die höchsten Freuden für unvollkommen, solange sie nicht von allen Menschen geteilt werden können.

»Du Königs-Schmied, so hämmre an dem angefangnen Werkstück weiter,
verschweiße uns zu Einem in der starken Schmiede dieses Lebens.
Und nenne deinen fein-gebogenen, geschmückten Schwertgriff Savitri,
gib seiner Klinge frohlockendem Lächeln den Namen Satyavan.
Gestalte uns zur Schönheit, zeige uns den Weg durch diese Welt
Zerbrich die Leier nicht, bevor das Lied gefunden ward.
Gibt es nicht noch unzählige Gesänge zu erfinden? [...]
Ich weiß, daß ich des Menschen Seele hin zu Gott erheben kann.
Ich weiß, daß er den Unsterblichen niederbringen kann.
Doch unser Wille wirkt nur, wenn er die Erlaubnis deines Willens hat. [...]
Laß nicht den Schlund des Unbewußten Menschenart verschlingen,
die sich durch die Unwissenheit der Erde durchkämpft hin zum Licht. [...]

vollende deiner Weisheit starkes und verborgenes Dekret,
den Auftrag deiner heimlichen weltweiten Liebe!«
S. 701 (687)

Die göttliche Antwort, »so erhaben wie der Mittagshimmel«, weist Savitri dann wiederum auf ihr fast hoffnungslos erscheinendes Unterfangen hin:

»Wie soll die Erdennatur und die Natur des Menschen sich zu Himmelshöhen
erheben und die Erde doch bestehen bleiben? [...]
Die irdischen Notwendigkeiten nageln die Menschenmassen an die Erde.
Nur in der aufrüttelnden Stunde starken Drucks
beantworten die Menschen die Berührung durch höhere Dinge.
Von einer starken Hand emporgehoben, um die Himmelsluft zu atmen,
gleiten sie in den Schlamm zurück, dem sie entstiegen [...]
Und weint in ihnen auch etwas nach der verlorenen Herrlichkeit,
nach der erschlagenen Erhabenheit, so akzeptieren sie doch ihren Fall.
Sie denken, der gemeine Mensch zu sein, das sei das Beste.
Zu leben, wie die anderen leben, das ist ihr Vergnügen. [...]
Des Menschen Mittelmäßigkeit ist sein höchstes Niveau,
der materielle Bereich eines denkenden Tieres.«
S. 702 f. (688 f.)

Erneut wird Savitri die Ewigkeit angeboten:

»O Flamme, ziehe dich in dein leuchtendes Selbst zurück,
oder kehre zurück in deine ursprüngliche Macht
auf hohem Seher-Gipfel oberhalb des Denkens und der Welt!
Als Partner meiner stundenlosen Ewigkeit

sei eins mit meiner Macht Unendlichkeit
Du bist die Welten-Mutter und die Braut.«
S. 705 (691)

Jedoch vergisst sie, auch angesichts des verlockenden Angebots, ihre Mission nicht:

»Vergebens lockst du mit einsamer Seligkeit
zwei Geister, die gerettet sind aus einer Welt des Leidens.
Meine und auch seine Seele sind unauflöslich eng verbunden
in dieser einen Pflicht, um derentwillen wir geboren wurden,
um diese Welt zu Gott in das todlose Licht emporzuheben.
Um Gott herabzubringen in die Welt, sind wir auf Erden,
um dieses Erdenleben umzuwandeln in ein Gottesleben.«
S. 706 (692)

Savitri weiß, dass es eine weitaus größere Macht gibt als die Macht des Unbewussten auf der Erde und in den Menschen, die eine Evolution des Bewusstseins verhindern will.

»Wenn du und ich, wir beide wirklich sind, ist auch die Welt wahr.
Magst du dich auch verbergen hinter deinen Werken,
so ist das Dasein doch nicht sinnlos und nicht paradox.
Da Gott die Erde schuf, muß nun die Erde Gott in sich erschaffen.
Was sich in ihrer Brust verbirgt, das muß sie offenbaren.«
S. 707 (692 f.)

Savitri macht aufgrund ihres inneren Wissens und ihrer gelebten Erfahrung deutlich, dass die göttliche Weisheit sich in allem verbirgt, denn sonst wären die Schöpfung und alle Welten ein »Nichts«. Gott antwortet in Savitris Herzen:

»O du lebendige Macht des inkarnierten Wortes,
kannst alles, was der Geist erträumt hat, selbst erschaffen.
Du bist die Kraft, durch welche ich die Welten schuf.
Du bist meine Vision, mein Wille, meine Stimme.
Doch dein ist auch das Wissen, und du kennst den Weltenplan
und des Zeitschrittes langsamen Prozeß.
In dem unbändigen Drang deines Flammenherzens,
in deiner Leidenschaft, den Menschen und die Erde zu erlösen,
und deinem Zorn wegen der Hindernisse in der Zeit
und auf die trägen Schritte einer langsamen Evolution,
verführe nicht den Geist in einer unwissenden Welt,
das Licht des Abenteuers allzu früh zu wagen [...]«
S. 707 (693)

Weiter wird ihr angeboten:

»Doch wenn du nicht auf Zeit und auf Gott warten willst,
dann tu dein Werk und zwing dem Schicksal deinen Willen auf.
So wie ich meine Last der Nacht von dir genommen habe [...]
nehme ich jetzt mein Licht des allerhöchsten Tages.

Zwei Mächte gibt es, die die Enden dieser Zeit in Händen halten;
den Geist, der vorwärtsschaut, und die Materie, die entfaltet, was
er denkt,
die schweigende Vollstreckerin der göttlichen Dekrete,
die nicht ein Jota und ein Pünktchen ausläßt [...]

Unwandelbar erfüllt sie die ihr aufgetragene Aufgabe.
Sie widerruft nicht das geringste der getanen Dinge.
Sie weicht nicht ab von dem orakelartigen Befehl
und ändert nicht die Schritte dieses Unsichtbaren.
Doch wenn du unbedingt den Menschen und die Erde befreien mußt,
dann schau von den spirituellen Höhen nieder auf das Leben,
entdecke dort die Wahrheit Gottes und des Menschen und der Welt.
Wenn du alles erkennst und alles siehst, dann tue deine Pflicht!
Steig auf, o Seele, in dein zeitenloses Selbst.
Erwähle deines Schicksals Bogen und präge deinen Willen auf die Zeit!«
S. 708 f. (694 f.)

Als die Worte verklungen sind, tritt eine unsägliche Macht hervor, die die »gegründeten Sphären erschütterte«. Die Pfosten, die die Zelte der Formung halten, lockern sich, und Savitri ist befreit vom Zugriff der Vision und des »Denkens Hüllen«. Die Himmelswelten werden im spirituellen Licht unsichtbar.

Als Energie des dreieinigen Unendlichen,
verweilte sie in einer unermeßlichen Realität.
Als ein Entzücken, als ein Wesen und als eine Kraft,
als eng verbundene, zehntausendfach bewegte reiche Fülle,
als jungfräuliche Einheit und als strahlende Gemahlin,
als eine Herberge vielfältiger Umarmung,
um alle Wesen in der ungeheuren Freude Gottes zu vermählen,
die jeden Geistes Ewigkeit in sich besaß,
die jene Bürde der allumfassenden Liebe trug,
war sie die wundervolle Mutter ungezählter Seelen.
S. 709 (695)

Zum letzten Male wird Savitri aufgefordert:

> *»Erwähle, Geist, dir deine höchste, nie wieder angebotene Wahl,*
> *denn nunmehr schaut auf dich aus meinem höchsten Wesen*
> *der namenlose, formenlose Friede, in dem die Dinge ruhen.«*
> S. 710 (696)

Savitri erbittet diese göttliche Ruhe für die großartige Seele des Menschen auf der Erde. Zum zweiten Mal erhebt sich daraufhin der Ruf des Ewigen:

> *»Weit offen sind vor dir die unsäglichen Tore.*
> *Mein Geist neigt sich hinab, der Erde Knoten aufzulösen,*
> *verliebt in Einheit ohne Zeichen und Gedanken,*
> *Mauer und Zaun niederzuwerfen, den Himmel völlig zu entblößen.«*
> S. 710 (696)

Savitri antwortet:

> *»Dein Einssein, Herr, in vielen Herzen, die sich nahen,*
> *meine süße Unendlichkeit in deinen unzähligen Seelen.* [...]
> *Gib mir, o Herr, deine Umarmung, die den lebendigen Knoten der*
> *Qual zerreißt,*
> *und deine Freude, in der alle Kreaturen atmen,*
> *und deine magisch-strömenden Gewässer tiefer Liebe*
> *und deine Lieblichkeit für diese Erde und die Menschen!«*
> S. 711 (697)

Endlich hört Savitri des Höchsten wonnevollen Ruf:

*»O wundervoller Leib des inkarnierten Worts,
mein sind deine Gedanken, mit deiner Stimme habe ich gesprochen.
Mein Wille ist der deine, was du gewählt hast, wählte ich.
Alles, was du erbatest, gebe ich der Erde und den Menschen.«
S. 712 (698)*

Und nun eine der schönsten Liebeserklärungen des Höchsten an seine Delegierte und an die Menschen:

*»O Sonnen-Wort, du sollst der Erde Seele zu dem Licht erheben
und Gott herniederbringen in der Menschen Leben.
Die Erde soll mir meine Werkstatt und mein Haus sein,
der Garten meines Lebens, um göttliche Saat zu säen.
Wenn all dein Werk in Menschenzeit vollbracht ist,
soll das Mental der Erde auch Heimstatt des Lichtes sein
der Erde Leben soll ein Baum sein, der zum Himmel wächst,
der Leib der Erde soll ein Zelt der Offenbarung Gottes werden. [...]
Im Herzen des Geheimnisses von meiner Schöpfung
will ich das Drama deiner Seele aufführen,
die ewige Romanze zwischen Dir und Mir einprägen. [...]
Ich will dich als mein Fahrzeug durch die Straßen wirbeln.
Ich will dich als mein Schwert und als meine Leier gebrauchen.
Ich will auf dir die Minnelieder meines Denkens spielen. [...]
Wer nach mir jagt und wer mich fängt, wird dadurch mein Gefangener:
Dies sollst du in Zukunft aus deinen Herzschlägen erfahren.
So liebe ewig, wunderschöne Sklavin Gottes! [...]
O Wort, laß laut die unsterbliche Litanei erklingen.
Der goldne Turm ist aufgebaut, das Flammenkind geboren.
So kehr hinab ins Leben mit ihm, den dein Herz begehrt,*

o Satyavan, o strahlende Savitri.
Ich sandte euch dereinst unter die Sterne
als eine zwei-einige Gottesmacht in eine unwissende Welt.«
S. 713-716 (699-702)

Was nun folgt, sind Offenbarungen über das neue Zeitalter und geheimnisvolle Einblicke in das, was noch vor uns liegt und was wir alle aufgefordert sind mitzugestalten:

Es gibt ein Feuer auf dem Gipfelpunkt der Welten.
Es gibt ein Haus des Lichts des Ewigen.
Es gibt eine unendliche Wahrheit und eine absolute Macht. [...]
Man soll den Geist in seinen unverhüllten Strahlen schauen,
wie einen Stern, der aus der Nacht des Unbewußten aufsteigt,
wie eine Sonne, die den Gipfel der Übernatur erklimmt.
Doch nur wenige, die den zweifelhaften Mittelweg verlassen,
sollen den wunderreichen Ursprung flüchtig sehen,
und manche sollen die geheime Kraft in dir erfühlen,
die sich dann wenden, einen namenlosen Pfad zu gehen
als Abenteurer hin zu einem mächtigeren Tag. [...]
Wenn aber die Stunde des Göttlichen sich naht,
dann soll die Mächtige Mutter sich in der Zeit gebären
und Gott geboren werden im menschlichen Lehm [...]
Dann soll die erhabene Wahrheit an die Menschen übergeben werden:
Es gibt ein Wesen jenseits von dem Wesen des Mentals,
ein Unermeßliches, das ausgeprägt ist in vielen Gestalten,
ein Wunder des mannigfaltigen Einen.
Es gibt auch ein Bewusstsein, das das Mental nie begreifen
und dessen Sprache es nicht äußern, dessen Denken es nicht offenbaren kann.

Es hat kein Heim im Menschen und kein Zentrum in den Menschen,
und doch ist es der Ursprung aller Dinge, der gedachten und getanen,
die Quelle dieser Schöpfung und all ihrer Werke.
Es ist der Ursprung all der Wahrheit hier.
Es ist der Sonnenlichtkreis der fragmentarischen Strahlen des Mentals. [...]
Einige sollen zu Empfängern dieser Herrlichkeit gemacht werden,
zu Trägern jener lichten Macht des Ewigen.
Das sind die hohen Vorläufer, die Häupter ihrer Zeit,
die großartigen Befreier des erdgebundenen Mentals,
die hohen Umgestalter des menschlichen Lehms,
die Erstgeborenen einer neuen überirdischen Rasse.
S. 718 f. (704 f.)

Noch einmal kommt deutlich die Aufgabe der dualen Kraft Gottes für die erwähnte Zeit zum Ausdruck:

Die inkarnierte zwei-einige Macht soll Gottes Pforte öffnen,
das ewige Supramental soll die irdische Zeit berühren.
In dem sterblichen Menschen soll der Übermensch erwachen
und jenen verborgenen Halbgott offenbaren
oder in jenes Gotteslicht, in jene Gotteskraft emporwachsen
und die geheime Gottheit in der Grotte offenbaren.
S. 719 f. (705 f.)

DIE RÜCKKEHR ZUR ERDE

Nach all den Offenbarungen über die Entwicklungen von Erde und Menschheit sowie über Savitris und Satyavans Rolle als göttliches Dual in diesem Prozess kehrt Savitri in einem ekstatischen »Fall« wieder zur Erde zurück.

Sie trägt die Seele Satyavans so liebevoll, »wie ein Kind einen Vogel sorgsam in den Händen hält«, geborgen in ihrer starken Seele, »ihn so bergend wie in einem Busen«. Sie erwacht aus einer tiefen Trance, behütet von den schönsten Blütenzweigen, die sich wie ein Dach zärtlich über sie wölben. Sie hält den lebendigen Leib Satyavans eng an sich gepresst und fühlt die Schwere und auch den Himmel in seinen Gliedern.

Savitri hat den ihr und Satyavan angebotenen ewigen Aufenthalt auf der höchsten göttlichen Ebene zurückgewiesen, da beide ihre göttliche Mission auf der Erde sehen. So lange, bis die Erde zur Heimstatt des Himmels geworden ist, einem Ort des »göttlichen Lebens« und des Wahrheitsbewusstseins.

Savitri und Satyavan repräsentieren zwar die duale Kraft Gottes, doch gleichzeitig sind sie auch menschliche Individuen, die sie nach ihrer Rückkehr zur Erde auch wieder verkörpern. Sie haben dabei unterschiedliche Rollen: Satyavans ist die aufzusteigen und Savitris ist die, ihn emporzuheben und ihn aus den Klammern der Unwissenheit und des Todes zu befreien. Ihre Göttlichkeit ist bereits in ihrer Kindheit offenbar und bleibt immer in ihr präsent, und bei ihrer ersten Begegnung mit Satyavan nimmt dieser sie nur als Göttin wahr und fürchtet sich vor der Abwesenheit menschlicher Züge.

Daraufhin erklärt sie, dass sie auch eine Sterbliche sei. Als sie durch Satyavans Tod sich vorbereitet, ihrem Geliebten durch das Reich des Todes zu folgen, betritt sie ihre inneren Bereiche, findet letztendlich ihre Seele und entdeckt ihre Identität mit der Göttlichen Mutter. Dann steigt sie bis in die Höhen der Supramentalen Welt auf.

Nur einmal enthüllt sie die gesamte Kraft und Macht ihrer Göttlichkeit, als sie am Ende ihrer unendlichen Debatte mit Yama jenem Gott des Todes gegenübersteht. Satyavan befindet sich, wie bereits erwähnt, in den Fängen des Todes, ist sich aber der Notwendigkeit bewusst, ihn zu besiegen. Allein seine Zusammenkunft mit Savitri gibt ihm die Gewissheit, dass nun der Lauf der Dinge, das eherne Gesetz von Tod und Unwissenheit, gebrochen wird. Durch ihre so unterschiedlichen Rollen werden Savitri und Satyavan zur dualen Kraft Gottes.

Nach ihrer Rückkehr sagt Savitri zu Satyavan:

»Nun ist zwar alles umgewandelt, doch ist alles noch dasselbe.
Denn sieh, wir haben auf das Antlitz Gottes hingeblickt,
und unser Leben hat sich mit der Göttlichkeit weit aufgetan.
Wir haben die Identität mit dem Erhabenen ertragen
und seinen Sinn in unsern sterblichen Leben erkannt.
Durch diese mächtige Berührung ist unsere Liebe noch größer geworden
und hat so ihre himmlische Bedeutung voll gelernt,
und doch ist nichts verloren von der Wonne der sterblichen Liebe. [...]
Ich bin dein Königreich genauso wie du meines bist,
der Souverän und auch die Sklavin deiner Wünsche,
empfängliche Besitzerin und Schwester deiner Seele,
Mutter deiner Begehren, Du bist meine Welt,

die Erde, die ich brauche, Himmel, den sich mein Denken ersehnt,
die Welt, die ich bewohne, und den Gott, den ich verehre. [...]
Wir haben einander gefunden, Satyavan,
im großen Lichte der entdeckten Seele [...]
Wir wollen allen Freude schenken, wir besitzen ja die Freude.
Denn unsre Geister kamen nicht für uns allein
aus jenem Schleier des Nicht-Offenbaren,
aus jenem tiefen unermeßlichen Nicht-Wißbaren
auf die unwissende Brust der zweifelhaften Erde,
hinein in die Wege mühevoll suchender Menschen.
Sie sind zwei Feuer, die ihrer Mutter Sonne entgegenlodern,
zwei Strahlen, die zu ihrem Ursprungslicht hinwandern.
Wir sind geboren, um des Menschen Seele zur Wahrheit und zu Gott zu führen,
um dies verworrene Schema sterblichen Lebens umzuzeichnen
und es dem Plan des Unsterblichen anzugleichen,
um es dem Ebenbild Gottes näher zu gestalten,
ein wenig mehr gemäß der göttlichen Idee.«
S. 733 f. (719 f.)

Als die beiden in der Abenddämmerung zurückgehen, werden sie von einer frohen Menschenmenge, darunter der Hofstaat des einst blinden und im Exil lebenden Königs Dyumatsena und dessen Königin, empfangen.

Der König hat sein Augenlicht und sein Königreich wieder zurückbekommen, und das Königspaar fragt Savitri, warum sie ihren Satyavan nicht früher zurückgebracht habe. Satyavan erklärt, in welchen Bereichen der Ewigkeit sie sich aufgehalten haben und dass er ein Gefangener in ihren goldenen Händen sei.

Dann schauen alle Anwesenden auf Savitri und fragen:

»Welch strahlend wundervolles Wesen von der Erde oder von den Himmeln
steht schweigend dort bei dem menschlichen Satyavan
und bringt solch einen Strahlenglanz in diese Abenddämmerung?
Wenn sie es ist, von der die Welt vernommen hat,
dann staune nicht mehr über eine frohe Wandlung.
Ein jedes leichte Wunder von Glückseligkeit
ist dann die Alchemie ihres sich umwandelnden Herzens.«
S. 737 (723)

Einer, der wie ein Priester aussieht, fragt Savitri:

»Du Seele einer Frau, was für ein Licht, welche geoffenbarte Macht,
die dieses Tages rasche Wunderdinge wirkt,
eröffnet jetzt für uns durch dich ein glücklicheres Zeitalter?«
S. 737 (723)

Savitri antwortet, indem sie ihr Licht wieder verhüllt:

»Ich bin zu meines Herzens Sinn erwacht, o Weiser:
Leben heißt Liebe und Einssein zu fühlen,
und dies ist die Magie unserer goldenen Verwandlung,
ist alle Wahrheit, die ich weiß und die ich suche.«
S. 738 (724)

ॐ तत् सवितुर्वरं रूपं
ज्योतिः परस्य धीमहि
यन्नः सत्येन दीपयेत्

oṁ tat savitur varaṁ rūpaṁ
jyotiḥ parasya dhīmahi
yan naḥ satyena dīpayet

Lasst uns meditieren über die verheißungsvollste Form von Savitri, über das Licht des Höchsten, das uns mit der Wahrheit erleuchten möge!

ANHANG: HYMNEN UND GEBETE AN DIE GÖTTINNEN SARASVATI UND VAK

Die nachfolgenden Auszüge aus den Hymnen des *Rig-Veda* geben einen Einblick, wie die weisen Seher – die Rishis – die Große Mutter in Form von Sarasvati verehrt haben. Die Göttin war nicht nur der lebensspendende Strom, der eine blühende Kultur hervorgebracht hat, sondern sie wird auch als Strom der Inspiration und des Wissens verehrt, zusammen mit der Göttin Vak, der Sprache, dem Wort.*

Haupthymne an Sarasvati

»Sie gab dem seiner Energie beraubten Darbringer (des Opfers) eine energetische, das Defizit ausgleichende und dem Himmel dienende Seelenkraft. Und der (unbewussten) Macht der Gier hat sie die beständige Ausbreitung untergraben. O Sarasvati! Dies sind deine hindurchdringenden Gaben.« (6.61.1)

»Sie, wie nach Lotoswurzeln grabend, brach mit ihren feurigen, hindurchdringenden Wellen den Grat der Berge auf. Für unsere Entfaltung wollen wir mit vollkommen läuternden Gedanken Sarasvati, den die Entfernung (in die Transzendenz) überwindenden Strom der Inspiration (in uns), einladen.« (6.61.2)

* Bei der deutschen Übersetzunghandelt es sich um Auszüge aus zwei Dokumenten von Nishtha Müller, dem ich für die Erlaubnis zum Abdruck hiermit danken möchte. S.B.

»O Sarasvati! Bezwinge die (in uns) die Götter eindämmenden/eingrenzenden Mächte und den Zuwachs einer jeden sich verbreitenden Macht (der Unbewusstheit), die ein falsches Ermessen (der Dinge) besitzt. O Göttin der höchsten Fülle! Du fandest die Kanäle zu den Wohnsitzen (der Seele) und strömtest von ihnen das (in sie eingedrungene) Gift fort.« (6.61.3)

»Möge die Göttin Sarasvati, im Besitz der höchsten Fülle, die Entfalterin unserer (intuitiven) Gedanken, uns mit all ihrer Fülle zur Entfaltung bringen!« (6.61.4)

»Wer dich, o göttliche Sarasvati, wenn der Reichtum etabliert wird, anruft wie den göttlichen Geist im Überwinden der Verhüllungen, den, o göttlicher Strom der Inspiration, o Wesen der Fülle, bringe zur Entfaltung in all deiner Fülle. Gleich der nährenden Sonne (der Wahrheit) setze (aus dem Fels der Unbewusstheit) unsere Besitztümer frei!« (6.61.5–6)

»Und dieser gewaltige, golden fließende Strom der Inspiration, Sarasvati, die Beseitigerin der Verhüllungen, begehrt unsere vollkommene Affirmation.« (6.61.7)

»Deren endlos fortwallende, brillante Flut, ohne (vom Weg) abzukommen, mächtig und lautstark dahinfließt.« (6.61.8)

»Sie (hat) uns jenseits aller Dualitäten (und jenseits) ihrer anderen Schwesterströme (gebracht). Im Besitz der schöpferischen Wahrheit, hat sie wie die Sonne die Tage (der Erleuchtung) ausgebreitet.« (6.61.9)

»Darum ist uns die Geliebte unter den Geliebten, (vereint) mit ihren Sieben Schwestern, höchst willkommen. Die Sarasvati soll bestätigt/affirmiert werden.« (6.61.10)

»Die irdischen Regionen und das weite Reich der (astralen) Zwischenwelt ausfüllend, möge uns Sarasvati (der Strom der Inspiration) von aller Begrenzung/Eindämmung behüten!« (6.61.11)

»Anwesend am Ort des dreifachen Zusammenseins (unseres physisch-vital-mentalen Wesens) mit sieben Ebenen und (dadurch) die fünf Geburten mehrend, ist sie in Fülle um Fülle anzurufen.« (6.61.12)

»Die durch ihre Macht und zunehmende Größe in all diesen bewusst ist und unter den anderen Geschickten (Strömen) die Geschickteste ist – wie ein weites Gefährt zur Durchdringung (aller Welten) geschaffen, soll Sarasvati vom bewusst gewordenen Menschen affirmiert werden.« (6.61.13)

»O Sarasvati (o Strom der Inspiration), führe uns zu einem noch größeren lichtvollen Schatz! Übergehe uns nicht mit deiner nährenden Essenz! Weise uns nicht ab! Willkomme unsere Freundschaft und Einkehr (bei dir)! Mögen wir nicht von dir fort in unwirtliche Gefilde gehen!« (6.61.14)

Der Rishi *Vasishtha an Sarasvati*

prá kṣódasā dhā́yasā sasra eṣā sārasvatī dharúṇam ā́yasī pūḥ |
prabā́badhānā rathíyéva yāti víśvā apó mahinā́ síndhur anyāḥ | 1 |

»Voran ist sie geströmt mit ihrer stärkenden Flut; Sarasvati ist uns Stütze wie eine eherne Festung. Dieser Ozeanstrom reist wie auf einer Fahrstraße dahin und treibt mit seiner (wachsenden) Macht alle anderen Wasser vor sich her.« (7.95.1)

ékācetat sárasvatī nadī́nāṃ śúcir yatī́ giríbhya ā́ samudrā́t |
rāyáś cétantī bhúvanasya bhū́rer ghṛtám páyo duduhe nā́huṣāya | 2 |

»Von allen Strömen ist Sarasvati allein bewusst geworden (geblieben) und reist rein von den Bergen (den Gipfeln des h.heren Seins) bis zum Ozean (des Unbewussten). Sie ist sich der strahlenden Reichtümer der ganzen Welt des Werdens bewusst und hat dem ihr nahe Wohnenden Milch und geklärte Butter (ihre Essenz und Klarheit) gespendet.« (7.95.2)

várdha śubhre stuvaté rāsi vā́jān yūyám pāta suastíbhiḥ sádā naḥ | 6 |

»Wachse (in ihm), o Hellglänzende, und schenke deinem Bestätiger deine substanzreichen Energien. O all ihr göttlichen Mächte, hegt uns immerdar mit vollkommen erfüllten Seinszuständen.« (7.95.6)

bṛhád u gāyiṣe váco asuríyā nadī́nām |
sárasvatīm ín mahayā suvṛktíbhiḥ, stómair vasiṣṭha ródasī | 1 |

»Ein weites Wort will ich singen (für sie), die allmächtig ist unter den Strömen. Mit vollkommen läuternden Worten, mit Affirmationen lass Sarasvati wahrlich ihre volle Größe erlangen, o Vasishtha, gleich Himmel und Erde (die zwei strahlenden Göttinnen des Denk- und des Körperbewusstseins).« (7.96.1)

ubhé yát te mahinā́ śubhre ándhasī, adhikṣiyánti pūrávaḥ |
sā́ no bodhi avitrī́ marútsakhā, códa rā́dho maghónām | 2 |

»O Reinglänzende! Wenn die Vielbegabten durch deine Größe in beiden deinen nährenden Weiden (Welten) ihre Wohnung nehmen, dann erwache (in uns) als unsere Förderin und die Gefährtin der Gedankenenergien (Maruts). Bringe die reiche Erfüllung der Mächte des Überflusses in Gang.« (7.96.2)

bhadrám íd bhadrā́ kṛṇavat sárasvatī, ákavārī cetati vājínīvatī |
gṛṇānā́ jamadagnivát stuvānā́ ca vasiṣṭhavát | 3 |

»Das Gute, wahrlich, möge Sarasvati, die Gute, erschaffen! Ohne Vorbehalt ist sie bewusst und im Besitz der höchsten Fülle, zum Ausdruck gebracht von ihm, der die Flamme entfacht hat, und affirmiert von ihm, der ein höchst lichtvolles Wesen besitzt.« (7.96.3)

~ *An Sarasvati (aus Rig-Veda 1.164):*

»Die Weißstrahlende (Gauri) hat sich zum Ausdruck gebracht im Formen der fließenden Wasser. Von einer Seinsebene hat sie sich in zwei, in vier, in acht, in neun Ebenen offenbart. Sie ist die Unvergängliche mit tausend (Silben) im Transzendenten Ätherraum.« (1.164.41)

»Aus ihr strömen die Ozeane. Dadurch leben die vier Himmelsrichtungen. Daraus offenbart sich das Ungeoffenbarte. Dadurch lebt das Universum.« (1.164.42)

»Deine Brust, die immerzu fließt und Wonne bereitet, mit der du alle höchsten Segensgaben nährst, die die Ekstase begründet, den leuchtenden Schatz findet und sich großzügig schenkt – o Göttin der fließenden Inspiration (Sarasvati), hier (im irdischen Leben) gib sie uns zum Trinken!« (1.164.49)

Einzelne Verse aus verschiedenen Hymnen über Sarasvati

pā́vīravī kanyā̀ citrā́āyuḥ sárasvatī vīrápatnī dhíyaṃ dhāt |
gnā́bhir áchidraṃ śaraṇáṃ sajóṣā durādhárṣaṃ gṛṇaté śárma yaṃsat | 7 |

»Möge Sarasvati – die Macht des Blitzes, die junge Göttin mit reicher Lebensenergie, die Herrin der heroischen Seelen – das intuitive Denken begründen! Im Einvernehmen mit den (göttlichen) Frauen möge sie ihm, der sie zum Ausdruck bringt, eine unversehrte Zuflucht, eine schwer zu bedrängende Obhut des Friedens gewähren!« (6.49.7)

sárasvatī saráyuḥ síndhur ūrmíbhir mahó mahī́r ávasā́ yantu vákṣaṇīḥ |
devī́r ā́po mātáraḥ sūdayitnúvo ghṛtávat páyo mádhuman no arcata | 9 |

»Sarasvati, Sarayu und Sindhu mit ihren Wellen, die goßen tragenden Ströme mögen mit ihrer großen Entfaltung kommen, die göttlichen Wasser, die schöpferisch anregenden Mütter! Erleuchtet für uns (im Singen des Wortes) eine Milch (Essenz) voller Klarheit und Honigswonne!« (10.64.9)

pā́vīravī tanyatúr ékapād ajó divó dhartā́ síndhur ā́paḥ samudríyaḥ |
víśve devā́saḥ śṛṇavan vácāṃsi me sárasvatī sahá dhībhíḥ púraṃdhiyā | 13 |

»Die Macht des Blitzes und der Donner, der auf der Einheit fußende Ungeborene, der Erhalter des Himmels, die Wasser, der zum Ozean (des Überbewussten) gehörende Strom – mögen all diese Gottheiten meine Worte hören, und Sarasvati mit ihrer reichen (vielfältigen) Intelligenz, zusammen mit allen intuitiven Gedankenkräften!« (10.65.13)

Der Rishi Agastya über die Göttin Vak

Sehen wir nun, wie der Seher Agastya durch seinen bewussten Kontakt mit den Maruts (den Gedanken-Blitzen) die Offenbarung von Vak, der Göttin des Wortes, erlebt:

»Unter die sich, in vollkommener Haltung, die im Licht Wandelnde gemischt hat, in Gold gekleidet und in nächster Nähe wie ein (hochragender) Speer, Vak, die als die Geliebte des Denkers mit ihm zusammen im Geheimen (in der geheimen Höhle des Überbewussten) wandelt, und als Finderin des Wissens die Zuhörerschaft der Weisen besitzt.« (1.167.3)

»Jenseits reisend haben sich die hellglänzenden Maruts mit der Starken als ihre gemeinsame Stütze verbunden. Die gewaltigen Götter weisen die strahlende Göttin, die Himmel und Erde vereint, nicht ab, sie heißen die Verstärkung zu ihrem Freundeskreis willkommen.« (1.167.4)

»Sobald die allmächtige strahlende Göttin, mit gelöstem Haar und einem starken Denkgeist, zustimmt, sie zu begleiten, besteigt sie das Gefährt (die Hymne) des Verehrers gleich der Tochter der

Sonne, mit einem vom Licht durchdrungenen Angesicht gleich dem Herannahen einer (glanzvollen) Wolke (im Himmel des reinen Geistes).« (1.167.5)

»Die Immerjungen lassen die Immerjunge aufsteigen (auf das Gefährt der Hymne), die sich ihnen verbindet mit ihrer vollen Kraft zum Erlangen der Seligkeit in den Entdeckungen des Wissens.
O Maruts, (das geschieht) sobald der seine Gabe bringende lichtvolle Sänger für euch den metrischen Vers (in Gang) singt, und im Sublimieren der Soma-Wonne euch zur Arbeit veranlasst.« (1.167.6)

»Ich verkünde nun das, was von ihnen verkündenswert, was die Größe und Wahrheit der Maruts ist – dass in ihrer Begleitung die Göttin mit einem souveränen Denkgeist das Ich sucht und, fest verwurzelt, noch andere vollkommen selige Frauen mitbringt.« (1.167.7)

Der Rishi Shyavashva über die Göttin Vak

»Wir rufen nun das nach dem inspirierten Wissen suchende Gefährt der Maruts an, auf dem die Bringerin der vollkommenen Freuden steht, die strahlende Göttin, die Himmel und Erde vereint, zusammen mit den Maruts.« (5.56.8)

»Ich rufe eure vom Licht durchdrungene, nach effektivem Wirken suchende Schar an, die freudig auf dem Gefährt weilt, auf dem die vollkommen Geborene, vollkommen Selige, ihre ganze Größe erlangt, die segnende Göttin, die den himmlischen Regen ausgießt, zusammen mit den Maruts.« (5.56.9)

Einzelne Verse aus verschiedenen Hymnen über Vak

»Sie gewahrten den ursprünglichen Namen der Nährenden und fanden die Dreimal Sieben höchsten Offenbarungsformen der Mutter.« (4.1.16)

»Als Vak, die Wonnigliche, die strahlende Herrscherin der Götter, sich niedergelassen hat, die im Bewusstsein noch ungeoffenbarten Dinge aussprechend, da hat sie vier Arten von Milch als belebende Energie gespendet. Doch wo ist ihr Höchstes hingegangen? Die Götter haben die Göttin des Wortes zur Geburt gebracht, und die Strahlen der Wahrnehmung sprechen sie aus in allen Formen des Daseins. Vollkommen bestätigt (durch diese Worte), möge Vak, die wonnigliche und nährende Mutter, nun zu uns kommen und uns ihre anregenden und belebenden Energien spenden!« (8.100.10–11)

»Und manch ein Sehender hat das Wort nicht gesehen, und manch ein Hörender hört es nicht. Doch einem anderen hat sie in Zuneigung ihr Wesen offenbart, wie eine schön bekleidete Frau sich in Liebe dem Gatten enthüllt.« (10.71.4)

LITERATURVERZEICHNIS

Für die Erstellung des vorliegenden Buches wurden die folgenden Werke als Quellen herangezogen. Die Namen der Autoren bzw. Herausgeber sind in alphabetischer Reihenfolge aufgeführt. Ist kein Autor bekannt, so wurde der Titel der Veröffentlichung alphabetisch in die Liste aufgenommen.

Acharya Mayapati Shastri: *The Glorious Advent and Adornments of Goddess Durga*; Saoni, Distr. Almora, Erscheinungsjahr unbekannt.

All India Magazine, Monthly Magazine of Sri Aurobindo Society, Pondicherry, Juli 2007.

Ambedkar, B. R.: *Writings and Speeches*, Bombay: Education Department, Government of Maharashtra, 1986-1990, Bd. 7.

Aurobindo, Sri – *Siehe*: Sri Aurobindo.

Bhattarcharyya, N. N.: *History of the Sakta Religion*, Munshiram Manoharlal Publishers PVT LTD, 2. Auflage, New Delhi 1996.

Bryant, Edwin F. / Laurie L. Patton (Hrsg.): *The Indo-Aryan controversy – Evidence and inference in Indian history*, Routledge, New York 2005.

Danino, Michel / Sujata Nahar: *The Invasion That Never Was*, The Mother's Institute of Research, Delhi and Mira Aditi, Mysore, 1996 u. 2000.

Devi Chand, M. A.: *The Yajur Veda*, Munshiram Manoharlal Publishers PVT LTD, 5. Auflage, New Delhi 1994.

Elsts, Koenraad: *Indigneous Indians, Agastya to Ambedkar*, Voice of India, 1993.

Gautier, Francoise: *Rewriting Indian History*, Vikas Publishers, New Delhi 1996.
Geldner, Karl-Friedrich: *Rig-Veda – Das Heilige Wissen Indiens*, Ausgabe in 2 Bänden, Hrsg. Peter Michael, Matrix-Verlag, Wiesbaden 2008.
Godwin, Joscelyn: *Arktos – Der polare Mythos zwischen NS-Okkultismus und moderner Esoterik*, Ares-Verlag, Graz 2007.
Griffith, Ralph T. H.: *The Hyms of the Rgveda*, Motilal Barnarsidass, Delhi 1973.
Haarmann, Harald: *Das Rätsel der Donauzivilisation – Die Entdeckung der ältesten Hochkultur Europas*, C. H. Beck oHG, Nördlingen 2011.
Hancock, Graham: *Underworld – The Mysterious Origins of Civilization*, Three Rivers Press, New York 2002.
Hasenpflug, Rainer: *The Inscriptions of the Indus Civilization*, Books on Demand GmbH, Norderstedt 2006.
Kappes, Heinz: Sri Aurobindo – *Savitri, Legende und Sinnbild*, Hinder + Deelmann, Gladenbach 1995.
Kashyap, R. L.: *Essentials of Atharva Veda*; Sri Aurobindo Kapali Sastry Institute of Vedic Culture, Bangalore 2004.
Kreisberg, Glenn (Hrsg.): *Das verschollene Wissen der Vorzeit – Neue Betrachtungen zu einer verbotenen Archäologie*, Kopp, Rottenburg 2011.
Mookerjee, Ajit: *Tantra Asana*, Wien 1971.
—— Kali – *The Feminine Force*, London 1988.
Müller, F. Max: *Collected Works*, Bd. II.
—— *My Autobiography*, Originalausgabe: Sribner's Sons, New York 1901.
Nadkarni, Mangesh: *A Brief Introduction (Four Talks)*, Pondicherry 1999.
—— Vortrag: »*The Kingdom of Subtle Matter, the Glory and the Fall of Life, Cantos 2 and 3 of* Book Two of *Savitri*«, in: *Invocation* »*Savitri Bhavan*«, *Study Notes* no. 27.

Nandakumar, Prema: *Perspectives of Savitri*, Bd. 2, Pondicherry 2002.
Possehl, Gregory: *The Indus Age: The Beginnings*, Oxford & IBH, 1996.
Rajaram, S. M. / David Frawley: *Vedic Aryans and the Origins of Civilisation – A Literary and Scientific Perspective*, Voice of India, New Delhi 1995.
Schildmann, Kurt: *Als das Raumschiff Athena die Erde kippte*, CTT-Verlag, Suhl 1999.
Schmidt-Salomon, M.: zitiert nach Armin Risi: *Der radikale Mittelweg*, Zürich 2009, S. 92.
Sethna, K. D.: *The Problem of Aryan Origins*, Aditya Prakashan, New Delhi 1980 u. 1992.
Sri Aurobindo: *Bankim – Tilak – Dayananda*, Centenary Edition Bd. 17, Sri Aurobindo Ashram, Pondicherry 1972.
—— *Sawitri – eine Sage und ein Gleichnis* (Ausgabe mit englischem und deutschem Text; deutsche Übersetzung von Hans Peter Steiger und Ruth Steiger), Sri Aurobindo Ashram Publication Department, Pondicherry 2005.
—— *The Mother*, Lotus Light Publications, Twin Lakes 1995.
—— *The Secret of the Veda*, Sri Aurobindo Ashram Publication Department, Bd. 10, Centenary Edition, Pondicherry 1998.
—— *The Synthesis of Yoga*, Pondicherry 1999 (Erstausgabe 1948).
Sri Ramakrishna, zitiert in: Ajit Mookerjee: *Kali – The Feminine Force*, London 1988.
Tageszeitung, Ausgabe vom 1. April 2011.
Thengadi, D. B.: *The Perspective*, Sahitya Sindhu Prakashan, Bangalore 1971.
Tilak, Lokamanya Bal Gangadhar: *The Arctic Home of the Vedas*, Vijay Goel Publishers, Delhi 2008.

Vidyanand Saraswati: »Original Home of the Aryans« in: *Facets of Indian Civilisation – Recent Perspectives*, Aryan Books International, New Delhi 1997.
Vivekananda, Swami: *The Complete Works of Vivekananda*, Bd. 2.
—— *Lectures from Colombo to Almora*, Calcutta Advaita Ashrama, 1992.
Williams, M. Monier: *A Sanskrit–English Dictionary*, Clarendon Press, Oxford 1899.
Woodroffe, Sir John: *Shakti and Shakta*, Madras 1975.

zusammen mit
108 Meditationskarten
mit Versen aus Sri Aurobindos Epos *Savitri*
ergibt dieses Buch das Set
Savitri – Meditationskarten
ISBN 978-3-89568-253-7

bitte umblättern

zum Thema dieses Buches
empfehlen wir auch den Titel
Leben ohne Tod
von Satprem
über das eigentliche Thema des Integralen Yoga
von Sri Aurobindo und Der Mutter
erschienen unter der ISBN 978-3-924161-76-7

beim ch.falk-verlag

Quellenangabe der 108 Verse aus
Sri Aurobindos Werk

Savitri

ch. falk-verlag

Das Epos *Savitri* besteht aus 12 *Büchern*, die je-weils ein bestimmtes Thema behandeln und in einzelne *Gesänge* unterteilt sind.

Die Quellenangaben benennen Buch, Gesang (book, canto) und Thema in dieser Reihenfolge. Die Seitenangaben beziehen sich auf die englische Urfassung von 1950/51, die im Sri Aurobindo Ashram in Pondicherry, Indien, erschien. Unsere Übersetzung folgt der Ausgabe von 1993 mit der ISBN 81-7058-600-3.

Zum Gebrauch der Karten:

Man kann sich eine Karte ziehen, um darüber nachzusinnen oder zu meditieren; man kann sie aber auch wie Orakelkarten benutzen, um Antwort auf eine Lebensfrage zu erhalten.

Quellenangaben

1. Savitri, Book I, The Book of Beginnings, Canto 1
The Symbol Dawn, p. 3
2. Savitri, Book I, The Book of Beginnings, Canto 2
The Issue, p. 11-12
3. Savitri, Book I, The Book of Beginnings, Canto 2
The Issue, p. 19
4. Savitri, Book I, The Book of Beginnings, Canto 2
The Issue, p. 20
5. Savitri, Book I, The Book of Beginnings, Canto 3
The Yoga of the Soul's Release, p. 41

42 Savitri, Book V, The Book of Love, Canto 2
Satyavan, p. 397

43 Savitri, Book V, The Book of Love, Canto 2
Satyavan, p. 398-399

44 Savitri, Book VI, The Book of Fate, Canto 1
The World of Fate, p. 435

45 Savitri, Book VI, The Book of Fate, Canto 2
The Way of Fate and the Problem of Pain, p. 443

46 Savitri, Book VI, The Book of Fate, Canto 2
The Way of Fate and the Problem of Pain, p. 444

47 Savitri, Book VI, The Book of Fate, Canto 2
The Way of Fate and the Problem of Pain, p. 444

48 Savitri, Book VI, The Book of Fate, Canto 2
The Way of Fate and the Problem of Pain, p. 444-445

49 Savitri, Book VI, The Book of Fate, Canto 2
The Way of Fate and the Problem of Pain, p. 445

50 Savitri, Book VI, The Book of Fate, Canto 2
The Way of Fate and the Problem of Pain, p. 446

51 Savitri, Book VI, The Book of Fate, Canto 2
The Way of Fate and the Problem of Pain, p. 447

52 Savitri, Book VI, The Book of Fate, Canto 2
The Way of Fate and the Problem of Pain, p. 448

53 Savitri, Book VI, The Book of Fate, Canto 2
The Way of Fate and the Problem of Pain, p. 448

54 Savitri, Book VI, The Book of Fate, Canto 2
The Way of Fate and the Problem of Pain, p. 448

55 Savitri, Book VI, The Book of Fate, Canto 2
The Way of Fate and the Problem of Pain, p. 448-449

56 Savitri, Book VI, The Book of Fate, Canto 2
The Way of Fate and the Problem of Pain, p. 451

57 Savitri, Book VI, The Book of Fate, Canto 2
The Way of Fate and the Problem of Pain, p. 451

58 Savitri, Book VI, The Book of Fate, Canto 2
The Way of Fate and the Problem of Pain, p. 453

59 Savitri, Book VI, The Book of Fate, Canto 2
The Way of Fate and the Problem of Pain, p. 457-458

60 Savitri, Book VI, The Book of Fate, Canto 2
The Way of Fate and the Problem of Pain, p. 458

61 Savitri, Book VI, The Book of Fate, Canto 2
The Way of Fate and the Problem of Pain, p. 458

62 Savitri, Book VI, The Book of Fate, Canto 2
The Way of Fate and the Problem of Pain, p. 459-460

63 Savitri, Book VI, The Book of Fate, Canto 2
The Way of Fate and the Problem of Pain, p. 460

64 Savitri, Book VI, The Book of Fate, Canto 2
The Way of Fate and the Problem of Pain, p. 461

65 Savitri, Book VII, The Book of Yoga, Canto 2
The Parable of the Search for the Soul, p. 476-477

66 Savitri, Book VII, The Book of Yoga, Canto 3
The Entry into the Inner Countries, p. 501

67 Savitri, Book VII, The Book of Yoga, Canto 4
The Triple Soul-Forces, p. 509-510

68 Savitri, Book VII, The Book of Yoga, Canto 4
The Triple Soul-Forces, p. 521

69 Savitri, Book VII, The Book of Yoga, Canto 5
The Finding of the Soul, p. 525

70 Savitri, Book VII, The Book of Yoga, Canto 5
The Finding of the Soul, p. 526

71 Savitri, Book VII, The Book of Yoga, Canto 5
The Finding of the Soul, p. 531

72 Savitri, Book VII, The Book of Yoga, Canto 6
Nirvana and the All-Negating Absolute, p. 536-537

73 Savitri, Book VII, The Book of Yoga, Canto 6
Nirvana and the All-Negating Absolute, p. 537

74 Savitri, Book VII, The Book of Yoga, Canto 6
Nirvana and the All-Negating Absolute, p. 542

75 Savitri, Book VII, The Book of Yoga, Canto 7
The Cosmic Spirt and Cosmic Consciousness, p. 557

76 Savitri, Book IX, The Book of Eternal Night, Canto 2
The Journey in Eternal Night, p. 588-589

77 Savitri, Book IX, The Book of Eternal Night, Canto 2
The Journey in Eternal Night, p. 591

78 Savitri, Book IX, The Book of Eternal Night, Canto 2
The Journey in Eternal Night, p. 594

79 Savitri, Book X, The Book of the Double Twilight, Canto 1
The Dream Twilight of the Ideal, p. 600-601

80 Savitri, Book X, The Book of the Double Twilight, Canto 1
The Dream Twilight of the Ideal, p. 601

81 Savitri, Book X, The Book of the Double Twilight, Canto 2
The Gospel of Death and Vanity of the Ideal, p. 612

82 Savitri, Book X, The Book of the Double Twilight, Canto 3
The Debate of Love and Death, p. 621

83 Savitri, Book X, The Book of the Double Twilight, Canto 3
The Debate of Love and Death, p. 633

84 Savitri, Book X, The Book of the Double Twilight, Canto 3
The Debate of Love and Death, p. 633

85 Savitri, Book X, The Book of the Double Twilight, Canto 4
The Debate of Love and Death, p. 648

86 Savitri, Book X, The Book of the Double Twilight, Canto 4
The Dream Twilight of the Earthly Real, p. 649

87 Savitri, Book X, The Book of the Double Twilight, Canto 4
The Dream Twilight of the Eartly Real, p. 656

88 Savitri, Book X, The Book of the Double Twilight, Canto 4
The Dream Twilight of the Earthly Real, p. 661

89 Savitri, Book X, The Book of the Double Twilight, Canto 4
The Dream Twilight of the Earthly Real, p. 662

90 Savitri, Book X, The Book of the Double Twilight, Canto 4
The Dream Twilight of the Earthly Real, p. 663

91 Savitri, Book XI, The Book of Everlasting Day, Canto 1
The Soul's Choice and the Supreme Consummation, p. 686

92 Savitri, Book XI, The Book of Everlasting Day, Canto 1
The Soul's Choice and the Supreme Consummation, p. 689

93 Savitri, Book XI, The Book of Everlasting Day, Canto 1
The Soul's Choice and the Supreme Consummation, p. 690

94 Savitri, Book XI, The Book of Everlasting Day, Canto 1
The Soul's Choice and the Supreme Consummation, p. 691

95 Savitri, Book XI, The Book of Everlasting Day, Canto 1
The Soul's Choice and the Supreme Consummation, p. 692

96 Savitri, Book XI, The Book of Everlasting Day, Canto 1
The Soul's Choice and the Supreme Consummation, p. 692-693

97 Savitri, Book XI, The Book of Everlasting Day, Canto 1
The Soul's Choice and the Supreme Consummation, p. 694

98 Savitri, Book XI, The Book of Everlasting Day, Canto 1
The Soul's Choice and the Supreme Consummation, p. 699

99 Savitri, Book XI, The Book of Everlasting Day, Canto 1
The Soul's Choice and the Supreme Consummation, p. 699

100 Savitri, Book XI, The Book of Everlasting Day, Canto 1
The Soul's Choice and the Supreme Consummation, p. 701

101 Savitri, Book XI, The Book of Everlasting Day, Canto 1
The Soul's Choice and the Supreme Consummation, p. 702

102 Savitri, Book XI, The Book of Everlasting Day, Canto 1
The Soul's Choice and the Supreme Consummation, p. 702-703

103 Savitri, Book XI, The Book of Everlasting Day, Canto 1
The Soul's Choice and the Supreme Consummation, p. 703

104 Savitri, Book XI, The Book of Everlasting Day, Canto 1
The Soul's Choice and the Supreme Consummation, p. 705

105 Savitri, Book XI, The Book of Everlasting Day, Canto 1
The Soul's Choice and the Supreme Consummation, p. 705

106 Savitri, Book XI, The Book of Everlasting Day, Canto 1
The Soul's Choice and the Supreme Consummation, p. 707

107 Savitri, Book XII, Epilogue, The Return to Earth, p. 720

108 Savitri, Book XII, Epilogue, The Return to Earth, p. 724

Bildnachweis für Cover auf Deckel:

Almost they saw who lived within her light
Her playmate in the sempiternal spheres
Descended from its unattainable realms
In her attracting advent´s lumious wake,
The white-fire dragon bird of endless bliss
Drifting with burning wings above her days:
Heaven´s tranquil shield guarded the missioned child.

Savitri, Book one, canto 2

ISBN 978-3-89568-253-7 ch.falk-verlag

Alles ist möglich, wenn Gott es berührt.
Eine Hoffnung keimte auf,
die kaum wagte zu sein
in der aussichtslosen Gleichgültigkeit der Nacht.

Eine absolute, übernatürliche Dunkelheit
befällt manchmal den Menschen,
wenn er sich Gott naht.
Da kommt die Stunde, wo alle Mittel der Natur versagen.
Herausgezwungen aus der schützenden Unwissenheit,
zurückgeworfen auf seine ursprüngliche nackte Not,
muss schließlich er von sich werfen sein Oberflächen-Ich
und unverhüllt sein das wahre, innere Selbst.
Diese Stunde war nun für Savitri gekommen.

Ihr Wesen,seiner göttlichen Quelle bewusst,
gewohnt an das Ewige und Wahre,
erheischte nicht Linderung der Pein von sterblicher Schwäche
noch Versagen zu überdecken durch Schachern oder Kompromiss.
Sie hatte ein Werk zu verrichten, ein Wort zu sprechen:
die unvollendete Geschichte ihrer Seele zu schreiben...
Mit ihrem souveränen Recht trat entgegen sie dem ehernen Gesetz:
Ihr Wille allein trotzte dem kosmischen Gesetz.

Erfasst wird jäh eine magische Hebelkraft,
die den verborgenen zeitlosen Willen
des Unaussprechlichen bewegt:
Ein Gebet, ein Meister-Akt, ein Königsgedanke
kann Menschenstärke verbinden mit transzendenter Kraft.

Die Göttin der Inspiration betrat eines Sterblichen Brust,
richtete sich ein ihr Studio für Gottesdenken,
ein Heiligtum prophetischer Rede,
setzte sich auf den dreifachen Sitz des denkenden Geistes:
alles darüber wurde geweitet, alles darunter erleuchtet.
Im Herzen der Finsternis grub sie Brunnen des Lichtes aus,
eine Form zwang sie unentdeckten Tiefen auf,
unbenannten Weiten verlieh sie schwingenden Ruf…

Er stand auf einer Höhe, die zu erhabeneren Höhen blickte.
So gleichen unsere frühen Annäherungen an das Unendliche
der Herrlichkeit von Sonnenaufgängen auf einem wundervollen Grat,
während der Sonne Pracht sich noch verbirgt.
Was wir jetzt erblicken, ist nur ein Schatten dessen,
was noch kommen muss...
Diese Welt ist ein Anfang und eine Basis,
wo Leben und Geist ihre Traumgebäude errichten;
eine ungeborene Macht muss Wirklichkeit erbaun,
wir sind nicht todgebundene Kleinheit nur.

Unsere Seelen können in großen, einsamen Stunden
stille Gebiete unvergänglichen Lichts besuchen,
allsehende Adlergipfel schweigender Macht
und Mondflammenmeere flüchtiger, unergründlicher Wonne
und ruhige Unermesslichkeiten des Geistes Raum.

Des Himmels Vorrecht fordert sie für sich.
All begutachtende Götter bezeugen ihren Anspruch,
klar, in einem größeren Licht als dem der Vernunft,
sind unsere Eingebungen Urkunden unseres Rechtsanspruchs.
Unsere Seelen akzeptieren, was unser blindes Denken zurückweist.
Der Erde geflügelte Schimären der Wahrheit Stuten im Himmel sind,
das Unmögliche Gottes Zeichen kommender Dinge.

Wenn Finsternis zunimmt und erstickt der Erde Brust
und des Menschen Verstand die einzge Lampe ist,
soll verborgen sein wie der Schritt eines Diebes in der Nacht,
von einem, der ungesehn sein Haus betritt.
Eine kaum hörbare Stimme wird sprechen, die Seele gehorchen,
eine Macht sich stehlen in des Geistes innere Kammer,
ein Zauber und eine Süße des Lebens verschlossne Tore öffnen,
durch Schönheit brechen den Widerstand der Welt,
das Wahrheits-Licht überraschend erobern die Natur
und Gottes heimlicher Schritt das Herz zur Seligkeit beflügeln
und unerwartet die Erde sich göttlich sehn.

In Materie soll entzündet werden des Geistes Glut,
entfacht die heilge Geburt in Leib über Leib;
erwachen zur Hymne der Sterne die Nacht,
die Tage zur glücklichen Pilgerfahrt,
unser Wille eine Kraft von des Ewigen Macht,
das Denken einer spirituellen Sonne Strahlen.
Wenige werden sehen, was niemand noch versteht;
Gott wird heranwachsen, während die weisen Männer reden und schlafen;
denn nicht wissen soll der Mensch das Kommende vor seiner Zeit,
und Glaube wird nicht sein, bis vollendet das Werk.

Erneuern müssen wir das geheime Band in den Dingen,
unsere Herzen erinnern die verlorne göttliche Idee,
wiederherstellen das vollkommene Wort,
vereinen das Alpha und das Omega in einem einzgen Laut –
dann werden Geist und Natur eins sein,
denn Zwei sind die Enden des geheimen Plans.

Eine ausgestreckte Hand ist spürbar in unsern Leben,
in unzähligen Körpern und Geburten ist sie uns nah;
sie wahrt für uns in unlösbar festem Griff
das unveräußerlich höchste Resultat,
das kein Verhängnis verändern, kein Wille rauben kann:
die Krone bewusster Unsterblichkeit,
die Gottheit, verheißen unserer ringenden Seele,
seit erstmals des Menschen Herz Tod wagte und Leben erlitt.

Eine mächtige Führung lenkt uns dennoch durch alles.
Wenn wir gedient dieser großen, geteilten Welt,
ist göttliche Wonne und Einheit unser eingebornes Recht.
Ein Tag steht fest im Kalender des Unbekannten
als Jahrestag erhabener Geburt...

Zwei, die eins sind, spielen in vielen Welten.
In Wissen und Unwissenheit sahen und sprachen sie,
Licht und Dunkel sind ihrer Blicke Tausch;
was Lust und Pein für uns, ihre Kämpfe und Umarmungen sind,
unser Tun und Hoffen Inhalt ihrer Geschichte;
heimlich sind sie vermählt in unseren Gedanken und Leben…

Er bewegt sich als Seele, sie als Natur.
Hier auf der Erde, wo wir unsre Rollen spielen müssen,
wissen wir nicht, welchen Lauf das Drama nimmt…

Als eine, die zu groß für ihn, verehrt er sie,
betet sie an als seines Begehrens Herrscherin,
gibt sich ihr hin als Urheberin seines Willens,
seine Tage und Nächte sind Weihrauch seiner Opfergabe,
sein Leben ihr weihend, glorreiche Opfertat.
Verzückter Freier um ihre Liebe und Gnade,
ist seine Wonne in ihr seine ganze Welt:
Er wächst durch sie in all seines Wesens Kräften;
liest Gottes verborgne Absicht in den Dingen durch sie.

Ihren königlichen Bedürfnissen dient er auf tausend Weisen;
lässt die Stunden sich drehn um ihren Willen,
ihre Launen sich spiegeln als beider Spiel:
diese große, weite Welt ist nur er und sie.

Dies ist der Knoten, der die Sterne verknüpft:
Die Zwei, die eins sind, sind das Geheimnis aller Macht.
Die Zwei, die eins sind, sind die Macht und das Recht in den Dingen.

Ihren Willen machte er zum Meister seines Schicksals,
ihre Lust und Laune zur Spenderin von Freude und Schmerz.
Er hat sich verkauft an ihre königliche Macht,
in Wohl und Wehe durch sie erkoren -
sogar in dem, was Pein für unsere Sinne ist,
fühlt ihres Gebietens Süße er,
in aller Erfahrung nur ihre segnende Hand.

Der Meister allen Seins verborgen in uns harrt
und spielt Versteck mit seiner eignen Kraft;
im Instrument der Natur weilt heimlich Gott.
Der Immanente im Menschen lebt wie in seinem Haus,
hat das All zum Felde seines Zeitvertreibs gemacht,
zum großen Spielplatz der Werke seiner Macht.

Der Absolute, Vollkommene, Unantastbare,
jener, der unser geheimes Selbst in uns ist,
hat angelegt unsre Maske der Unvollkommenheit,
hat diese Behausung aus Fleisch zu seiner gemacht,
sein Ebenbild in menschliches Maß gegossen,
damit wir erheben uns zum göttlichen Maß.

Diese Transfiguration schuldet die Erde dem Himmel,
wechselseitig bindet sie Mensch und Höchsten.
Wie wir seine muss er annehmen unsere Natur.
Wir sind die Kinder Gottes und müssen so sein wie er:
als sein menschlicher Teil müssen wir göttlich werden.
Unser Leben ist ein Paradox
mit Gott als Schlüssel…,
doch der Schlüssel ist versteckt,
bewacht von unserm Unbewussten;
der geheime Gott lebt unterhalb der Schwelle.

Die Vielen ist er, der der schweigende Eine war.
In den Symbolfiguren der kosmischen Kraft
und ihren Zeichen, belebt und unbelebt,
und in ihrem verzweigten Netzwerk der Geschehnisse
erforscht er das endlose Wunder seiner selbst.

Dies war sein Vertrag mit seiner mächtigen Gefährtin,
auf ewig verbunden aus Liebe zu ihr,
zu folgen dem ewigen Lauf der Zeit,
inmitten der Zauberdramen ihrer plötzlichen Launen,
den Überraschungen ihrer maskierten Idee
und den Wechselfällen all ihrer ausschweifenden Stimmungen.
Zwei scheinen seine Ziele, doch sind sie eins,
und blicken einander an durch grenzlose Zeit.

Jenseits irdischer Längen- und Breitengrade
sein Ziel außerhalb aller gültigen Karten bestimmt.
Doch niemand weiß, wohin die Reise geht
oder welch geheimen Auftrag die große Mutter ihm gab.
In der verborgenen Stärke ihres allmächtigen Willens,
von ihrem Atem vorwärtsgetrieben durch des Lebens Niederungen,
durch Donnergrollen und windlose Stille,
durch Nebel und Dunst, wo man nichts mehr sieht,
trägt er ihre versiegelten Befehle in seiner Brust.

Wenigen wird diese göttliche, seltene Befreiung zuteil.
Einer aus vielen Tausend, die nie berührt,
gefangen durch äußerer Welt Entwurf,
wird erwählt von einem geheimen Zeugen
und von einer wegweisenden Hand des Lichts
durch seiner Seele unverzeichnete Unermesslichkeiten geführt.
Ein Pilger der ewigen Wahrheit...

Nur die waren sicher, die Gott in ihrem Herzen trugen:
Mit ihrem Mut als Schild, ihrem Glauben als Schwert müssen sie wandern,
bereit zum Schlag die Hand, das Auge zum Spähen,
den Blick nach vorn gerichtet wie ein Speer,
Helden und Kämpfer - das Lichter-Heer.

Die Gestalt des todlosen Zwei-in-Einem,
ein einzig Wesen, fest umschlungen in zwei Leibern,
Doppelherrschaft zweier vereinter Seelen,
in tiefer Schöpferfreude versunken,
hielt ihre Wonnetrance in Bewegung die Welt.
Hinter ihnen, im Morgendämmern, stand Eine,
die jene Zwei aus dem Unkennbaren hervorgebracht.

Ein Herz ward gefühlt in den weiten, leeren Räumen,
eine brennende Liebe aus weißen, spirituellen Quellen
löste den Schmerz unwissender Tiefen auf -
alles Leid verschwand in ihrem unsterblichen Lächeln.

Sie steht zu den Häuptern von Geburt, Müh und Schicksal,
die Zyklen kreisen langsam auf ihr Geheiß;
nur ihre Hände können ändern den Drachengrund der Zeit.
Sie ist das Mysterium, das die Nacht verbirgt,
des Geistes Alchemistenenergie ist **sie**;
sie ist die goldene Brücke, das wundervolle Feuer.
Das leuchtende Herz des Unbekannten ist **sie** -
eine Macht der Stille in den Tiefen Gottes.

Sie ist die Kraft, das unverbrüchliche Wort,
der Magnet unseres mühsamen Aufstiegs ist sie,
die Sonne, aus der wir all unsere Sonnen zünden,
das Licht, das herniederfließt aus den unverwirklichten Weiten,
die Freude, die aus dem Unmöglichen uns winkt,
die Macht von allem, was noch nie herniederkam.

Zu ihr allein ruft stumm alle Natur,
zu heilen mit ihren Füßen die Lebensqual,
zu brechen das Siegel auf verdunkelter Menschenseele.
Zu entfachen ihr Feuer im verschlossenen Herzen der Dinge.
Alles hier wird dereinst ihrer Süße Heim,
alle Gegensätze sind Vorbereitung für ihre Harmonie;
ihr strebt unser Wissen zu, unsere Leidenschaft sucht sie;
im Zauber ihrer Verzückung werden wir wohnen,
ihre Berührung wird wandeln unsere Pein in Ekstase.

Keiner war abgetrennt, keiner lebte nur für sich allein,
jeder lebte für Gott im Innern und Gott in allem;
jedes Einzelne hielt unweigerlich das Ganze in sich.

Zu früh geborne Wahrheit
kann zerbrechen die unvollkommene Erde.

Er hat vergessen, warum er kam und woher.
Sein Geist und Körper liegen im Widerstreit...
Freiheit verlangend, legt selbst er sich in Fesseln,
Finsternis braucht er zur Wahrnehmung von etwas Licht,
Kummer, um ein wenig Wonne zu spüren.
Den Tod braucht er, um höheres Leben zu finden.
Sieht alle Seiten, folgt jeglichem Ruf;
kein sicheres Licht hat er, das ihn führt.

Dennoch wird Gott wachsen in euren Herzen,
erwachen werdet ihr im Geist des Höchsten
und fühlen das Brechen der Mauern des sterblichen Denkens.
Sich selbst suchend, läuft er fort von sich;
begegnet er sich, denkt er, es sei ein Andrer…
Die Welt möchte er führen, doch sich selbst kann er nicht führen;
seine Seele möchte er retten, doch sein Leben rettet er nicht.
Ein Licht ist da, das führt, eine Macht,die hilft;
sie sieht und handelt unbemerkt in ihm - er fühlt sie nicht.

Ich sah des Allmächtigen flammende Pioniere
am Himmelsrand, der sich zum Leben neigt.
Auf den Bernsteinstufen der Geburt kamen sie hernieder,
Vorläufer einer göttlichen Vielfalt,
kamen sie aus den Pfaden des Morgensterns
in sterblichen Daseins begrenzten Raum.

Ein Schlüssel zum Licht, noch im innersten Wesen verwahrt,
das Sonnenwort eines alten Mysteriums Sinn,
kam murmelnd ihr Name über menschliche Lippen,
erhaben und lieblich, gleich einem inspirierten Vers.

Eine höhere Bestimmung wartet auf euch:
Dies vergängliche irdische Wesen kann, wenn es will,
sein Handeln einfügen in eine Ordnung, die göttlich ist.
Der jetzt noch unwissenden Auges starrt auf die Welt,
kaum erstanden aus der Nacht des Unbewussten,
Bilder betrachtend, nicht aber die Wahrheit,
ihm kann unsterbliche Sicht die Augen füllen.
Dennoch wird wachsen Gott in euren Herzen,
erwachen werdet ihr im Geist des Höchsten
und brechen fühlen die Mauern des sterblichen Denkens.

Der Mensch sieht das Höchste in einer begrenzten Form,
schaut auf eine Person, hört einen Namen.
Für kleine Gewinne wendet er unwissenden Mächten sich zu,
zündet seine Altarlichter für eines Dämonen Fratze.
Er liebt die Unwissenheit, aus der sein Schmerz entsteht:
Ein Bann hat sich gelegt auf seine glorreichen Kräfte,
verloren hat er seine innere Stimme, die seine Gedanken führt.
Als Seherin verkleidet sitzt ein trughaftes Idol
auf dem dreifüßigen Propheten-Sitz und macht sich
das wunderbare Heiligtum zu eigen.
Die große Illusion fängt ihn ein in ihren Schleier…

Eine Kraft wird euer Antrieb, euer Führer sein,
ein Licht wird um euch und in euch sein…

In unserem Inneren gibt es eine Macht,
die jenseits unseres Wissens weiß;
größer als unsere Gedanken sind wir,
und manchmal enthüllt uns die Erde diese Schau.
Zu leben und zu lieben, sind Zeichen des Unendlichen,
Liebe eine Herrlichkeit aus des Ewigen Sphären.
Wird sie auch durch niedere Mächte verhöhnt, entstellt, verfremdet,
die ihren Namen, ihre Form und Ekstase missbrauchen,
bleibt sie doch die Gottheit, die alles verändern kann.

Sie kannten einander, wenn auch in fremder Gestalt,
obwohl vom Sehen unbekannt, Leben und Mental so verändert waren,
dass sie jetzt einen neuen Sinn erhielten.
Diese Körper waren die Summe zahlloser Geburten,
doch war Seele für Seele gleich.

„Mein Wille ist Teil des Ewigen Willens,
mein Schicksal, was die Kraft meines Geistes vermag,
mein Schicksal, was die Kraft meines Geistes erträgt;
meine Kraft kommt von Gott, nicht vom Titanen.
Ich hab entdeckt meine frohe Wirklichkeit,
jenseits meines Leibes, in andrem Wesen:
hab gefunden die tiefe, unveränderliche Seele der Liebe.“

Schmerz war der Erstgeborne des Unbewussten,
deines Leibes ursprünglicher, dumpfer Grund;…
Schmerz ist der Götter Hammer, zu brechen den zähen Widerstand
in des Sterblichen Herzen,
die langsame Trägheit gleich einem lebenden Gestein.
Würde sein Herz nicht gezwungen, zu wollen und zu weinen,
seine Seele läge darnieder, zufrieden mit sich,
und dächte nie daran, zu wachsen über des Menschen Beginn,
sich aufzuschwingen zur Sonne hin.

Sein Wille muss ausgearbeitet werden in des Menschen Brust,
dem Übel muss er entgegentreten, das aus tiefem Abgrund emporsteigt,
die Unwissenheit der Welt und ihre hartnäckige Stärke besiegen,
wie auch die Fehltritte des pervertierten menschlichen Willens,
die tiefe Torheit des menschlichen Verstandes
und den blinden Widerwillen seines Herzens.
Der Geist ist zum Schmerz verurteilt, bis der Mensch frei geworden ist.

Schmerz ist die Hand der Natur,
die den Menschen zu seiner Größe meißelt:
Mühsal, die im Geheimen weiß,
bearbeitet mit himmlischer Grausamkeit eine unwillige Form.
Unerbittlich in ihrem leidenschaftlichen Willen,
schwingen die Demiurgen ihren Hammer
in ihrem titanischen Bemühen um dieses universale Werk.

Wer nur sich selber retten will, lebt still und einsam;
doch wer die Menschheit retten will, muss ihre Schmerzen teilen:
Dies soll ein jeder wissen, der diesen mächtigen Drang verspürt.
Die Großen, die gekommen sind, um diese leidende Welt zu retten,
sie zu befreien von der Zeit und aus des Gesetzes Schatten,
müssen sich beugen unter das Joch von Leid und Schmerz;
sie werden erfasst von dem Rad, das zu zerbrechen sie gekommen waren,
auf ihren Schultern müssen sie der Menschen Last und Schicksal tragen.
Des Himmels Schätze bringen sie, mit ihrem Leiden zahlen sie den Preis
oder zahlen für die Gabe des Wissens mit ihrem eigenen Leben.

Der Ewige leidet in menschlicher Form,
mit seinem Blut hat er das Testament der Erlösung unterzeichnet:
Er hat die Tore aufgetan seines unsterblichen Friedens.
Die Gottheit vergütet den Anspruch der Kreatur,
der Schöpfer nimmt auf sich Schmerz und Todes Gesetz;
Vergeltung trifft den fleischgewordnen Gott.
Seine Liebe bahnte des Sterblichen Pfad zum Himmel.

Alle werden Gott im Selbst entdecken und in den Dingen.
Wenn jedoch Gottes Bote herabsteigt, um der Welt zu helfen,
und die Erdenseele emporheben will,
muss auch er das Joch tragen, das er abnehmen will;
muss auch er den Schmerz ertragen, den zu heilen er kam.
Wäre er unberührt und befreit von der Erde Schicksal,
wie sollte er dann das Leid heilen, das er nie gefühlt hat?

Wer die Hölle besiegen will, muss sich Leid und Kampf stellen.
Eine dunkle Feindseligkeit haust insgeheim in den menschlichen Tiefen,
im verborgenen Herzen der Zeit,
die auf das Recht pocht, Gottes Werk zu verändern und zu vereiteln.

Ein Flüstern lockt zum Übel des Menschen Herz,
es verschließt der Weisheit Augen und der Seele Blick,
es ist der Ursprung unseres Leidens hier,
es bindet die Erde an Elend und Schmerz.
Dies alles muss besiegen, wer Gottes Frieden herniederbringen will.
Diesen versteckten Feind in seiner Brust
muss der Mensch überwinden – oder verfehlen sein höh´res Geschick.
Dies ist der innere Krieg, dem er nicht entkommt.

Hart ist des Welterlösers schwere Arbeit;
die Welt selbst wird zu seinem Gegner,
die er erretten will, werden ihm Feind.
Verliebt in ihre Unwissenheit ist diese Welt,
ihre Dunkelheit wendet sich ab vom Erlöserlicht,
gibt ihm statt der Krone das Kreuz als Lohn.

Ja, es gibt frohe Wege nah bei Gottes Sonne;
doch wenige nur betreten den Sonnenpfad;
nur die reinen Seelen können schreiten im Licht.
Ein Ausgang ward gezeigt, harten Entrinnens Weg
aus Leid, Dunkelheit und Ketten.
Wie sollen jedoch diese Wenigen,
die entkommen sind, die Welt erlösen?

Flucht, und sei sie noch so hoch, erlöst das Leben nicht,
Leben, zurückgelassen auf einer gefallnen Erde.
Flucht kann eine preisgegebne Menschheit nicht erheben,
weder bringen ihr den Sieg noch Gottes Reich.
Eine größre Macht muss kommen, ein heller Licht.
Wächst auch das Licht auf Erden und weicht die Nacht,
bevor nicht vernichtet das Übel in seinem Heim
und Licht durchdringt den unbewussten Weltengrund
und umgekommen ist die Widersachergewalt,
muss weiter er ringen, seine Arbeit erst halb getan.

56

Die Erde soll zum Heim des Himmelslichtes werden,
ein Seher aus des Himmels Weiten soll wohnen in des Menschen Brust.
Der Strahl des Überbewussten des Menschen Auge erfüllen
und die wahrheitsbewusste Welt zur Erde herniederkommen,
die Materie durchdringen mit des Spirits Strahl,
ihr Schweigen erwecken zu unsterblichen Gedanken,
das stumme Herz zum lebendigen Wort.
Dies sterbliche Leben wird des Ewigen Wonne beherbergen,
der Körper selbst kosten Unsterblichkeit.
Dann ist des Welterlösers Werk vollbracht.

Drum mach aus deinem täglichen Weg eine Pilgerfahrt,
denn durch kleine Freuden und Kummer kommst du hin zu Gott.
Eile nicht auf gefahrvollem Weg zur Gottheit,
öffne deine Tore nicht für eine namenlose Macht,
klimme nicht empor zur Gottheit auf dem Weg der Titanen.

Wirf nicht dein Selbst in diese Gottesnacht.
Der Seele Leid ist nicht der Schlüssel zur Ewigkeit
noch Erlösung durch Kummer des Himmels Ford´rung ans Leben.…
Doch ist Unendlichkeit deines Geistes Ziel;
seine Wonne verbirgt sich hinter dem Tränenantlitz der Welt.
Eine Macht wohnt in dir, die du nicht kennst;
dem eingekerkerten Funken bist du Gefäß.
Erlösung sucht er aus der Zeit Umklammerung,
und solange du ihn verschlossen hältst, heißt das Siegel Schmerz.

Könnt menschlicher Wille eins sein mit Gottes Wille,
könnt Menschendenken Gottes Gedanken widerspiegeln,
so wär der Mensch allmächtig und allwissend.
Jetzt wandelt er jedoch in der Natur trübem Strahl.
Doch kann sein Geist empfangen Gottes Licht,
seine Kraft gelenkt werden durch Gottes Kraft,
dann ist er ein Wunder, das Wunder vollbringt.
Nur so allein kann er der Natur König sein.

Schicksal ist Wahrheit, die durch Unwissen wirkt.
Schicksal ist Ausgleich, verzeichnet in der Bestimmung Buch.
Der Mensch kann sein Schicksal annehmen, er kann es verweigern.
Selbst wenn der Eine den ungesehnen Erlass aufrechterhält,
schreibt er die Ablehnung gut:
denn Verhängnis ist kein mystisches Siegel, kein Schluss.

Der Geist erstarkt durch Niederlage;
seine gottgleichen Schwingen wachsen mit jedem Fall.
Sein glänzendes Scheitern rechnet sich auf zum Sieg.

Diese Welt ward nicht aus Zufallssteinen erbaut,
noch ist ein blinder Gott des Schicksals Architekt;
eine bewusste Macht entwarf den Plan des Lebens,
in jeder Kurve, jeder Linie liegt ein Sinn.
Eine erhabene und erlesene Architektur,
erbaut von vielen namhaften und namenlosen Baumeistern,
wo unsichtbare Hände dem Unsichtbaren gehorchen -
und eine der Meisterarchitekten ist sie.

Wie ein Stern, der unbegleitet den Himmel durchzieht
und nicht erstaunt ist über des Raumes Unermesslichkeiten
und durch Unendlichkeiten wandert in dem eigenen Licht,
so sind die Großen dann am stärksten, wenn sie einsam stehn.
Denn eine Gott gegebene Macht des Seins ist ihre Kraft,
ein Strahl des Lichts aus jener Einsamkeit des Selbst ihr Führer;
die Seele, die mit sich alleine leben kann, begegnet Gott.

Ein Tag mag kommen, da ohne Hilfe sie stehen muss
an gefahrvoller Klippe ihres eigenen und des Weltuntergangs,
an einsamer Brust bergend die Zukunft der Welt,
tragend der Menschheit Hoffnung in ihrem allein gelassenen Herzen,
um zu erobern oder zu scheitern am letzten Rande der Verzweiflung,
allein mit dem Tod und nahe an der Grenze der Vernichtung. …
Allein muss sie siegen oder fallen allein.
Keines Menschen Hilfe kann sie in dieser Stunde erreichen,
kein gewappneter Gott steht strahlend ihr zur Seite.
Ruf nicht die Himmel an, denn retten kann sie allein.
Hierfür gesandt kam ihre stille Macht hernieder,
der bewusste Wille nahm an ihre Menschengestalt:
Nur sie allein kann sich erretten und die Welt.

Die Stimme antwortete: “Erinnere dich, warum du kamst.
Spür deine Seele auf, gewinne wieder dein verborgenes Selbst,
im Schweigen suche Gottes Absicht in deinen Tiefen,
verwandle dann die sterbliche Natur in göttliche Natur. …
In der gewaltigen Leere deines Geistes
finde des Ewigen Körper in der Welt,
erkenne ihn in jeder Stimme, die deine Seele hört;
spüre einzig seine Berührung in den Kontakten mit der Welt.
Alle Dinge sollen dich in seine Umarmung betten. …
Sie schaute in sich und suchte ihre Seele.

Sie wusste, dass sie zuerst ihre Seele entdecken musste.
Nur wer sich selbst errettet, kann andere retten.

„Ich stehe auf der Erde Wegen von Gefahr und Schmerz.
Ich helfe den Unglückseligen und rette die Verlorenen.
Den Starken bringe ich den Lohn für ihre Stärke,
den Schwachen bringe ich die Rüstung meiner Kraft …
Ich bin Durga, Göttin der Stolzen und Starken,
und Lakshmi, Königin der Reinen und der Glückskinder.
Ich trage Kalis Antlitz, wenn ich töte
und zertrample die Leichen der Dämonen–Horden.
Einst werde ich den Silberton hören,
wenn sich die Himmelstore öffnen und Gott heraustritt,
um die Seele der Welt zu empfangen.“

„Ich werde eines Tages wiederkehren und Seine Hand in meiner halten,
und du sollst das Antlitz des Absoluten schau´n.
Dann wird die heilge Hochzeit vollzogen werden,
die göttliche Familie geboren werden.
In allen Welten wird dann Licht und Friede sein.“

Sie fühlte sich eins werden mit allem, was sie sah.
In ihr erwachte versiegelte Identität;
sie erkannte sich selbst als die Geliebte des Höchsten:
diese Götter und Göttinnen waren er und sie -
der Anbeter und die Angebetete, selbstverloren und eins.

Ein Wesen stand da, unsterblich selbst in der Vergänglichkeit,
todlos tändelnd mit flüchtigen Dingen,
in jenen weiten Augen ruhigen Glücks,
ungetrübt durch Schmerz und Mitleid,
sah Unendlichkeit auf endliche Formen hin…
Sie war gekommen in sterblichen Leibes Raum,
um Ball zu spielen mit Umstand und mit Zeit.

Bleibt auch die ringende Welt noch außen,
kann doch die Vollkommenheit eines einzelnen Menschen
retten die Welt.

Du bist herabgekommen in eine kämpfende Welt,
um einer blinden, leidenden und sterblichen Menschheit zu helfen …
Wenn du dieses geplagte Universum retten willst,
das schreckliche Leid des Universums als das deine fühlen,
musst du den Schmerz tragen, den zu heilen du in Anspruch nimmst.
Wer das Licht des Tages bringen will, muss wandeln in dunkelster Nacht.
Wer retten will die Welt, muss teilen ihren Schmerz.
Wenn er Leid nicht kennt, wie sollte er es heilen?

Gott muss auf Erden geboren werden und sein wie ein Mensch,
damit der Mensch werden kann wie Gott.
Wer die Welt erretten will, muss eins sein mit ihr,
und alles, was da leidet, bergen in seines Herzens Raum.

Der Mensch ist ein Dynamo für das kosmische Werk;
die Natur verrichtet das meiste in ihm, Gott den hohen Rest:
Nur die Zustimmung seiner Seele ist sein eigenes Werk.

Sie war das eine Selbst all dieser Selbste,
sie war in ihnen – und sie alle war´n in ihr.

„Ich beuge mich nicht vor dir, du riesige Maske Tod,
du schwarze Lüge der Nacht für die bedrängte Menschenseele,
der Dinge unwirkliches, unentrinnbares Ende. …
Meiner Unsterblichkeit bewusst gehe ich meinen Weg.
Als Siegergeist bin ich mir meiner Stärke bewusst,
nicht als Bittstellerin kam ich an dein Tor: ...
Zuerst verlang ich, was Satyavan, mein Gemahl,
als er noch in der Schönheit des Waldes weilte,
in seinen langen und einsamen Träumen seiner reinen Kindheit
sich wünschte und nicht bekam für sein herrliches Leben.
Gib, wenn du musst, oder verweigere, wenn du kannst!“

Aber Savitri antwortete und begegnete Hohn mit Hohn,
die sterbliche Frau sprach zu jenem fürchterlichen Tod:
„Wer ist denn dieser Gott, der von der Nacht ersonnen wurde,
der aus Verachtung Welten schafft, die er verhöhnt,
der nur aus Eitelkeit diese strahlenden Sterne schuf?
Nicht jener ist es, der in meinen Gedanken seinen Tempel errichtete
und mein Menschenherz zu seinem geheiligten Boden machte.
Mein Gott ist Wille, und er triumphiert auf allen seinen Wegen,
mein Gott ist Liebe und leidet liebevoll mit allen.“

„O Tod, du argumentierst, ich argumentiere nicht.
Vernunft kann prüfen, zerteilen, doch nicht erbau´n,
oder baut vergeblich, weil sie an ihrer Arbeit zweifelt.
Ich bin, ich liebe, ich sehe, ich handle, ich will. …
Wenn ich geliebt hab bis in alle Ewigkeit, werd ich wissen.
Die Liebe in mir kennt die Wahrheit,
die sich hinter den wechselnden Masken verbirgt.
Ich weiß, dass Wissen eine weite Umarmung ist.
Ich weiß, dass jedes Wesen ich selbst bin …
Ich weiß, dass mein Kommen eine Woge war, gesandt von Gott.“

Dunkelheit ist die Magie eines selbst-verhüllten Lichts,
Leid die tragische Maske heimlichen Entzückens
und Tod ein Instrument des ewigen Lebens.
Auch wenn der Tod uns begleitet auf dem Lebensweg,
ein verdunkelter Zuschauer an unseres Körpers Beginn
und letzter Richter über die vergebliche Arbeit des Menschen,
so ist doch die Lösung seines vielgesichtigen Rätsels eine andere:
Der Tod ist eine Stufe, eine Tür, ein Stolperschritt,
den die Seele nehmen muss von Geburt zu Geburt,
eine graue Niederlage, die schwanger geht mit dem Sieg.
Er ist die Peitsche , die uns zu unserem todlosen Zustand treibt.
Die unbewusste Welt ist des Geistes selbsterschaffener Raum,
die immerwährende Nacht der Schatten des ewigwährenden Tages.

Die Nacht ist weder unser Anfang noch unser Ende;
sie ist die dunkle Mutter, in deren Schoß wir sicher uns verborgen halten
vor einem allzu jähen Erwachen in den Weltenschmerz.
Wir sind zu ihr gekommen aus einem überirdischen Licht,
durch Licht leben wir und gehen hin zum Licht.

„Gefährliche Töne findest du nun, o Tod,
deine Rede schmelzend in harmonischem Schmerz,
ermüdeten Hoffnungen flötest verführerisch du
Lügen, mit traurigen Spuren Wahrheit vermischt.
Ich aber verbiete dir meiner Seele Mord.
Denn meine Liebe ist nicht meines Herzens Hunger,
meine Liebe ist nicht meines Fleischs Verlangen;
sie kam zu mir von Gott und kehrt zu Gott zurück.“

„O Tod, du sprichst die Wahrheit,
doch eine Wahrheit, die tötet,
ich antworte dir mit der Wahrheit, die errettet.“

„O Tod, nicht für das süße Drängen meines Herzens
noch für die Wonne meines glücklichen Körpers allein
hab ich den lebenden Satyavan von dir gefordert,
sondern um seines und meines Werkes willen, unsres geheiligten Auftrags.
Unsere Leben sind die Boten Gottes unter den Sternen; …
denn ich, die Frau, bin die Kraft Gottes.
Er, Satyavan, ist des Ewigen abgesandte Seele im Menschen.
Mein Wille ist größer als dein Gesetz, o Tod;
meine Liebe ist stärker als des Schicksals Bande:
Unsre Liebe ist das himmlische Siegel des Höchsten.
Ich schütze dies Siegel vor deinen brechenden Händen."

Die Liebe darf nie aufhör`n, auf dieser Erde zu leben;
denn Liebe ist das helle Band, gespannt zwischen Erde und Himmel,
Liebe des fernen Transzendenten Engel hier.
Liebe des Menschen Pfandrecht auf das Absolute.

Die Welt ist ein spirituelles Paradox…
Die Seele ein Zeichen des Unmanifestierten,
das Mental müht sich, das Undenkbare zu denken,
das Leben, dem Unsterblichen Geburt zu verleih`n,
der Körper, das Grenzenlose zu beherbergen.
Die Welt ist nicht abgeschnitten von Wahrheit und Gott.

Wenn des Herzens Kammertür nur ein wenig offen steht,
was kann dann Gott hindern, sich hineinzustehlen?
Wer will ihm seinen Kuss auf die schlafende Seele verbieten?
Gott ist schon nah, die Wahrheit dicht bei uns …

„Auch du bist Gott, o Tod, und doch nicht Er,
du bist bloß sein schwarzer Schatten auf seinem Weg,
wenn er die Nacht verlässt, den Weg nach oben nimmt
und mit sich schleift seine klammernde, unbewusste Kraft.
Du bist des unbewussten Gottes dunkles Haupt,
bist seiner Unwissenheit reueloses Zeichen
und legitimes Kind aus dessen weitem, dunklem Mutterleib,
die finstre Schranke vor Gottes Unsterblichkeit.
Alle Gegensätze sind Aspekte von Gottes Antlitz.
Die Vielen sind der unzählige Eine.
Der Eine birgt die Vielzahl in seiner Brust.“

Die Mächtige Mutter thront in strahlender Ruh
und hält auf ihren Knien das ewige Kind,
den Tag erwartend, wo es zum Schicksal spricht.
Ein Bild ist dort unserer Hoffnung für die Zukunft.
Dort ist die Sonne, auf die alle Finsternis wartet …
Dort ist die Wahrheit, von der die Wahrheiten dieser Welt
nur Fetzen sind,
das Licht, dessen Schatten die Unwissenheit der Welt ist…
Die Liebe ist dort, nach der unser Herz ruft, zu heilen jeglichen Zwist,
die Wonne, nach der dürstet das Leiden dieser Welt.

Dort, in einem Leib aus Geiststoff,
dem Herdstein jenes immer brennenden, unsterblichen Feuers,
überträgt Handeln der Seele Regungen,
schreitet Denken unfehlbar und absolut,
und Leben ist unaufhörliche rituelle Verehrung,
ein ekstatisches Opfer für den Einen.

„O Tod, könntest berühren du die höchste Wahrheit,
augenblicklich würdest weise du und nicht mehr sein.
Könnten unsere Seelen Gottes Wahrheit fassen, sehen und lieben,
ihr unendlicher Glanz würde sich unserer Herzen bemächtigen,
unser Wesen würd´ neu erschaffen nach Seinem Bild,
göttlich wär dann das Erdenleben.“

Die Erde ist der auserwählte Platz der mächtigsten Seelen;
die Erde ist des heroischen Geistes Kampfplatz,
die Schmiede, in der der Erz–Baumeister seine Werke formt.
Eure Dienstbarkeiten auf Erden sind größer, o König,
als die glorreichen Freiheiten des Himmels.
Mein angebornes Heim waren die Himmel einst,
Juwelenhaine durchwanderte auch ich. …
Unsterblicher Liebe Geist in mir
streckt aus seine Arme, die Menschheit zu umarmen.
Deine Himmel sind mir zu weit von der leidenden Menschheit entfernt.
Unvollkommen ist jene Freude, die ich nicht mit anderen teilen kann.

Die Lichttore versiegelt sind gewöhnlichem Geist,
irdische Bedürfnisse nageln die Masse Mensch an die Erde.
Einzig in aufrüttelnden Stunden starker Not
antworten Menschen höherer Dinge Berührung.
Oder wenn von starker Hand emporgehoben zu atmen Himmelsluft,
gleiten sie zurück in den Schlamm, von dem sie kamen
und dessen Gesetz ihnen vertraut;
erfreut über die sichre Heimkehr in vertrauten Grund.
Und weint auch etwas in ihnen über verlorne Herrlichkeit,
gewöhnlicher Mensch zu sein, dünkt das Beste sie,
zu leben wie andere das höchste Glück.

Ohne des Menschen Geist
das Unbewusste niemals lesen könnt das Mysterium der Welt,
das sein Schlaf gemacht.
Der Mensch ist sein Schlüssel,
zu öffnen eine bewusste Tür.

Obwohl gebunden ist die Menschenrasse an ihre eigne Art,
so ist doch größer seine Seele als sein Schicksal.

Zwei Seelen, gerettet vom Leid dieser Welt,
sind meine und seine Seele unauflöslich verbunden
in jenem Werk, für das geboren wir:
emporzuheben die Welt zu Gott in sein todloses Licht,
herabzubringen Gott auf die Erde,
zu wandeln irdisch Leben in göttliches.

„Wenn wahr sind du und ich, so ist auch wahr die Welt,
obwohl du dich hinter deinen Werken verbirgst,
ist unser Sein kein sinnlos`Paradox.
Da Gott erschuf die Erde,
muss nun Erde Gott in sich erschaffen;
enthüllen muss sie, was verborgen ist in ihrer Brust.
Ich beanspruche dich für die Welt, die du erschaffen hast!“

Zwei Mächte halten die Enden der Zeit;
der Geist sieht voraus, Materie führt seine Gedanken aus,
stumme Vollstreckerin göttlicher Dekrete,
weder auslassend ein Jota noch einen Punkt.
Bedingungslos, unbewusst und kraftvoll handelnd,
entfaltet sie unvermeidlich den Auftrag,
seine Absicht in Zeit und Raum
in beseelten und unbeseelten Dingen.
Unwandelbar erfüllt sie ihren Auftrag
und lässt kein Pünktchen der getanen Dinge aus.

O Sonnenwort, du sollst der Erde Seele zum Licht erheben
und Gott herniederbringen in des Menschen Leben;
die Erde soll meine Werkstatt sein und mein Heim,
mein Lebensgarten, die göttliche Saat zu säen.
Ist all dein Werk vollbracht in Menschenzeit,
dann wird der Erde Geist Heimat des Lichtes sein,
der Erde Leben ein Baum, der himmelwärts wächst,
der Erde Leib ein Tabernakel Gottes.

Erweckt aus sterblicher Unwissenheit,
wird der Mensch erleuchtet sein durch des Ewigen Strahl.
Seine Gedanken erhoben durch die Glorie meiner Sonne
und in seinem Herzen fühlen die Süße meiner Liebe
und spüren in seinen Taten den Antrieb meiner Wunder-Macht.
Mein Wille wird seiner Tage Inhalt sein;
für mich, durch mich, in mir leben soll er.
Im Herzen des Mysteriums meiner Schöpfung
will aufführen ich das Drama deiner Seele
und ihm einprägen die lange Romanze von Dir und Mir.

Alle Wesen sollen in deinem Leben meine Boten sein;
durch deines Freundes Herz sollst du zu mir hingezogen werden,
auch in des Feindes Aug mir zu begegnen gedrängt, …
in deinem Anblick werden sie meiner Hände Freude spüren …
verliebt in deines Geistes Lieblichkeit,
sollen umarmen sie in deiner Seele meinen Leib
und meines Lachens Schönheit hören in deinem Leben,
die unendliche Wonne erkennen, mit der ich die Welten schuf.
Was du besitzest, soll Segen für die andern sein,
und alles, was du bist, soll mir gehören.

So liebe ewiglich, o herrliche Sklavin Gottes!
Erbaut ist der goldene Turm, das Flammenkind geboren.
Kehr zurück ins Leben mit ihm, den dein Herz begehrt.
O Satyavan, o strahlende Savitri,
ich sandte euch dereinst herab von den Sternen
als eine zwei-einige Gottesmacht in eine unwissende Welt,
in eine eingezäunte Schöpfung, vom grenzenlosen Selbst getrennt,
um Gott herniederzubringen auf den empfindungslosen Erdenball,
die Erdenmenschen zu erheben zur Unsterblichkeit.

Er ist meine Seele, die aus unwissender Nacht
durch Leben, Geist und weite Übernatur
sich erhebt hinauf zum überirdischen Licht der Zeitlosigkeit ...
Sie klimmt empor zu jener Größe, die einst zurückgelassen sie,
zur Schönheit und Freude, aus der sie gefallen war …
Er ist die Gottheit, wachsend in der Menschen Leben,
in den Leibern der Formen des Erdenwesens:
Er ist des Menschen Seele, emporklimmend zu Gott,
in der Natur Drang, zu entkommen der irdischen Unwissenheit.

O Savitri, du bist meines Geistes Macht,
die Stimme, die mein unsterbliches Wort offenbart,
das Angesicht der Wahrheit auf den Straßen der Zeit,
das den Seelen der Menschen den Weg zu Gott weist.
Solange das gedämpfte Licht von des verhüllten Geistes Gipfel
noch auf den tiefen, unbewussten Schlaf der Materie fällt,…
sollst du in der Menschen zweifelsvollen Stunden geboren werden,
in Formen, die der Seele Göttlichkeit verbergen
und durch die Schleier der zweifelnden Erdenluft
meine Glorie zeigen, gleich einer Sonne, die durch Wolken bricht.

Doch wenn die Stunde Gottes naht,
wird die mächtige Mutter Geburt annehmen in der Zeit
und Gott geboren werden im menschlichen Lehm –
in Formen, vorbereitet durch eure menschlichen Leben.
Dann soll die höchste Wahrheit den Menschen offenbart werden.

Es gibt ein Bewusstsein, das der Geist nicht erfassen kann,
dessen Sprache er nicht ausdrücken noch dessen Gedanken
er offenbaren kann.
Es hat kein Heim auf Erden, im Menschen keinen Platz
und ist doch die Quelle aller gedachten und vollbrachten Dinge,
der Ursprung der Schöpfung und ihrer Werke,
es ist der Ursprung aller Wahrheit hier …
Einige werden zu Gefäßen dieser Herrlichkeit gemacht,
zu Gefährten der glanzvollen Macht des Ewigen.
Dies sind die hohen Vorläufer, die Anführer der Zeit,
die großen Befreier des erdgebundenen Geistes,
die hohen Umgestalter des menschlichen Lehms,
die Erstgebornen einer neuen, überirdischen Art.

Eine Seele wird wachen im Hause des Unbewussten;
der Geist ein Tabernakel für Gottes Vision sein,
der Körper das Instrument der Intuition,
das Leben ein Kanal für Gottes sichtbare Macht.
Die ganze Erde des Geistes materielles Heim,
nicht mehr verborgen durch Leib und Leben,
nicht mehr verborgen durch der Gedanken Unwissenheit.

„Lass Freude uns geben den Menschen, denn Freude sind wir.
Unsere Geister kamen nicht für sich allein
aus dem Schleier des Unmanifestierten,
aus des Unermesslichen unwissbarer Tiefe
auf unwissende Brust der zweifelhaften Erde,
in mühevoll suchender Menschen Wege.
Zwei Feuer, der Muttersonne entgegenbrennend,
zwei Strahlen, dem Ursprungslicht entgegengehend,
sind wir geboren, um die Menschenseele zu führen zu Gott
und zur Wahrheit;
umzugestalten das unruhige Muster sterblichen Lebens
in des Unsterblichen Plan,
um ähnlicher es zu machen dem Ebenbild Gottes,
ein wenig anzunähern an die göttliche Idee.“

Zu meines Herzens Sinn bin ich erwacht, o Weiser,
Leben heißt Liebe und Einssein zu fühlen,
dies ist die Magie unsrer goldenen Wandlung,
ist alle Wahrheit, die ich weiß oder suche.